高等法律职业教育系列教材
审定委员会

主 任 万安中

副主任 许 冬

委 员 （按姓氏笔画排序）

王 亮 刘 斌 刘 洁 刘晓晖

李忠源 陈晓明 陆俊松 周静茹

项 琼 顾 伟 盛永彬 黄惠萍

高等法律职业教育系列教材

警 察 体 能

JING CHA TI NENG

主　编○林柔伟　高　伟

副主编○王韧辰　冯子禄　李　畅　何文多

撰稿人○林柔伟　高　伟　王韧辰　冯子禄

　　　　李　畅　何文多　许余有　李彦兴

　　　　谢思杰　邓德林　孙其超　胡　水

中国政法大学出版社

2016·北京

图书在版编目（ＣＩＰ）数据

警察体能 / 林柔伟，高伟主编. —北京：中国政法大学出版社，2016.7（2024.10重印）
ISBN 978-7-5620-6923-2

Ⅰ．①警… Ⅱ．①林… ②高… Ⅲ．①警察—身体训练 Ⅳ．①D631.15

中国版本图书馆CIP数据核字(2016)第171522号

出　版　者　中国政法大学出版社

地　　　址　北京市海淀区西土城路 25 号

邮　　　箱　fadapress@163.com

网　　　址　http://www.cuplpress.com (网络实名：中国政法大学出版社)

电　　　话　010-58908435(第一编辑部) 58908334(邮购部)

承　　　印　保定市中画美凯印刷有限公司

开　　　本　787mm×1092mm　1/16

印　　　张　10.5

字　　　数　211 千字

版　　　次　2016 年 7 月第 1 版

印　　　次　2024 年 10 月第 5 次印刷

印　　　数　16001~19000 册

定　　　价　28.00 元

总 序
Preface

　　高等法律职业化教育已成为社会的广泛共识。2008 年，由中央政法委等 15 部委联合启动的全国政法干警招录体制改革试点工作，更成为中国法律职业化教育发展的里程碑。这也必将带来高等法律职业教育人才培养机制的深层次变革。顺应时代法治发展需要，培养高素质、技能型的法律职业人才，是高等法律职业教育亟待破解的重大实践课题。

　　目前，受高等职业教育大趋势的牵引、拉动，我国高等法律职业教育开始了教育观念和人才培养模式的重塑。改革传统的理论灌输型学科教学模式，吸收、内化"校企合作、工学结合"的高等职业教育办学理念，从办学"基因"——专业建设、课程设置上"颠覆"教学模式："校警合作"办专业，以"工作过程导向"为基点，设计开发课程，探索出了富有成效的法律职业化教学之路。为积累教学经验、深化教学改革、凝塑教育成果，我们着手推出"基于工作过程导向系统化"的法律职业系列教材。

　　《国家（2010～2020 年）中长期教育改革和发展规划纲要》明确指出，高等教育要注重知行统一，坚持教育教学与生产劳动、社会实践相结合。该系列教材的一个重要出发点就是尝试为高等法律职业教育在"知"与"行"之间搭建平台，努力对法律教育如何职业化这一教育课题进行研究、破解。在编排形式上，打破了传统篇、章、节的体例，以司法行政工作的法律应用过程为学习单元设计体例，以职业岗位的真实任务为基础，突出职业核心技能的培养；在内容设计上，改变传统历史、原则、概念的理论型解读，采取"教、学、练、训"一体化的编写模式。以案例等导出问题，根据内容设计相应的情境训练，将相关原理与实操训练有机地结合，围绕关键知识点引入相关实例，归纳总结理论，分析判断解决问题的途径，充分展现法律职业活动的演进过程和应用法律的流程。

法律的生命不在于逻辑，而在于实践。法律职业化教育之舟只有驶入法律实践的海洋当中，才能激发出勃勃生机。在以高等职业教育实践性教学改革为平台进行法律职业化教育改革的路径探索过程中，有一个不容忽视的现实问题：高等职业教育人才培养模式主要适用于机械工程制造等以"物"作为工作对象的职业领域，而法律职业教育主要针对的是司法机关、行政机关等以"人"作为工作对象的职业领域，这就要求在法律职业教育中对高等职业教育人才培养模式进行"辩证"地吸纳与深化，而不是简单、盲目地照搬照抄。我们所培养的人才不应是"无生命"的执法机器，而是有法律智慧、正义良知、训练有素的有生命的法律职业人员。但愿这套系列教材能为我国高等法律职业化教育改革作出有益的探索，为法律职业人才的培养提供宝贵的经验、借鉴。

2016 年 6 月

　　警察体能训练是警察各种专业技能训练的基础，是提高身体机能水平的前提和条件。研究警察体能的基本理论和训练方法，寻求警察体能训练的最佳模式与途径，使警察体能训练系统化、最优化和逐步科学化，是我们不断追求的目标。

　　警察体能的基本概念源于军事体育，在历史的变迁中不断发展和完善，在警务活动中逐渐显现作用，是警务实战的基础和重要组成部分。警察体能水平的高低，直接影响着警务实战的执行效果。实践告诉我们，人民警察具备强健的身体素质，是完成各项艰苦工作任务的基础。

　　目前，警察体能训练在部分警察院校和在职警察培训课程的设置方面没有引起高度的重视，而将主要精力放在警察专业技能方面，忽视了警察体能训练。体能训练基础打不好，警务技能的学习就达不到预期目标，进而会影响到其他技能的学习。

　　为了总结和揭示警察体能训练的基本规律，使广大警校学员对警察体能有更深入的认识，同时也为警务技能教学训练打下坚实的基础，我们对警察体能涉及的相关问题进行了大量的研究和探索，为撰写本书积累了第一手资料。

　　本书特色之一是关于警察体能的系统论述充分，理论性强。针对具有警察特点的训练内容，进行了特别说明与阐述；特色之二是将警务活动与现代体能训练理论相结合，更贴近警务实战，具有较强的实用价值。对于警校学员来说，不仅介绍基本理论，还对具体操作过程进行了说明。故本书具有一定的理论性、可操作性及实用性。

本教材主编林柔伟、高伟，副主编王韧辰、冯子禄、李畅、何文多，许余有、李彦兴、谢思杰、邓德林、孙其超、胡水参与了编写工作。由林柔伟、高伟统稿，高伟、许余有负责搜集整理资料，王韧辰、何文多负责图片示范。

我们深深感到，要想撰写一本系统性、科学性强的教材不容易，需要在各个方面不断探索和努力。由于编写人员的水平有限，本书难免存在着一些表述欠妥或不科学的地方，在此恳请各位专家学者提出宝贵意见。

《警察体能》编写组
2016 年 3 月 8 日

单元一　绪 论 ································· 1

　项目一　警察体能概述 ····················· 1

　项目二　国际警察体能训练简介 ············· 5

单元二　警察体能基础知识 ··················· 7

　项目一　警察体能的特点 ··················· 7

　项目二　警察体能训练的基本原则 ··········· 8

　项目三　警察体能训练的方法 ·············· 10

　项目四　警察体能训练的医务监督 ·········· 13

单元三　基本体能训练 ······················ 16

　项目一　力量素质训练 ···················· 16

　项目二　速度素质训练 ···················· 44

　项目三　耐力素质训练 ···················· 57

　项目四　柔韧素质训练 ···················· 61

　项目五　灵敏素质训练 ···················· 71

单元四　专项体能训练 ······················ 77

　项目一　专项体能的概念和基本内容 ········ 77

　项目二　障碍训练 ························· 80

　项目三　武装越野 ························· 83

　　项目四　攀爬类训练项目 ··· 90

　　项目五　人民警察体能测评项目、标准、实施规则以及训练方法 ·········· 93

　　项目六　项目锻炼方法 ··· 95

单元五　综合体能训练 ·· 103

　　项目一　定向越野概述 ··· 103

　　项目二　定向越野的作用和价值 ··· 105

　　项目三　定向越野的保障条件 ··· 106

　　项目四　定向越野技能 ··· 110

　　项目五　定向越野训练 ··· 121

附件一　国家学生体质健康标准（2014 年修订） ·························· 127

附件二　公安机关人民警察体育锻炼达标标准 ···························· 145

单 元 一

绪 论

 教学重点

1. 警察体能的概念。
2. 警察体能训练的意义及实现的基本途径。

项目一 警察体能概述

一、警察体能的概念

体能的概念，在不同的学科里，有着不同的表述。在运动训练学中强调机体的基本运动能力，包括身体形态特征、有机体机能状态、运动基本素质三方面内容；运动生理学提到的体能主要指生理功能、运动能力，以及有氧无氧能力等；体质研究中的体能主要指身体素质和相应的适应能力；而生物化学更多是通过运动过程中能量的供给、储备、利用等方面去判断体能情况。综上所述，无论哪种情况，都潜藏着有机体对运动环境的适应能力的反应。

长期以来，政法系统内的相关专著和教材关于警察体能都有不同的论述。一般来说，警察体能，是指人民警察的肌体在肌肉活动中表现出来的能力。它包括警察这一职业对警察身体素质和身体基本活动能力的要求。其中，身体素质方面如力量、速度、灵敏、耐力和柔韧性等，身体基本活动能力如走、跑、跳、投、攀登、爬越、悬垂、负重、举起重物等。除此之外，还包括对复杂的警察职业工作的适应能力。

经过政法战线学者对警察体能不断的研究、长时间经验的积累和科学、系统的划分，警察体能大致包括两个领域：一是与警察职业相关的能力。主要表现为警察在训练、日常工作以及现场执法过程中具有的身体支配与活动能力。二是与警察个人健康有关的方面，强调体育的本质属性——强身健体，主要是警察作为自然个体，在长时间、高强度的工作环境下，能抵抗疲劳，保持身体机能正常，维持身心健康的能力。

因此，考虑警察自身职业特点的背景，警察体能可以理解为警察在工作、训练和执法过程中，有机体在长时间、高强度甚至是无预备活动的大负荷工作环境下，最大限度地动员机体各器官和系统的机能，抵抗疲劳，高效率、高质量完成工作的生理机能和身体素质。

二、警察体能训练的概念、目的、作用和意义

（一）警察体能训练的概念

警察体能训练是指在专门的教官指导和监督下，遵循相应的运动训练规律，科学系统地组织学员进行身体练习，使学员达到警察基本体能标准，为警务技战术的学习和自身的身心健康打下坚实的基础。

（二）警察体能训练的目的

警察体能训练的目的是增强警察身体综合能力，提高警务实战技能和警察战斗能力。警察体能训练是根据人民警察工作的性质、任务和职业特点，采用专门的身体训练形式来达到这一目的的。

（三）警察体能训练的作用

1. 警察体能训练是各项警务实战技能的基础。警察的实战技能，如擒拿格斗、警械使用、警务射击、车辆驾驶等所需的力量、速度、灵敏、柔韧、耐力等，都依赖于良好的体能。只有通过系统的体能训练，才能打好基础，从而提高警察的实战技能水平。

2. 警察体能训练能培养警察良好的意志品质和良好的心理素质。体能训练的过程往往是艰苦忍耐的过程，通过长期、系统、科学的训练，一方面可以培养警察勇敢顽强、吃苦耐劳的优秀品质，另一方面可以铸造其坚强不屈的性格和良好的心理素质。

3. 警察参加体能训练，能丰富业余生活，提高体育竞技水平，提高工作效率。在紧张的工作、学习之余进行适量的体能训练，可以调节精神状态，陶冶情操，愉悦身心。

（四）警察体能的意义

近些年来，随着社会治安形势的日趋严峻，各种违法暴力犯罪迅速增加，每年都有几百民警牺牲，几千民警负伤。这一状况一方面体现了我们人民警察英勇顽强、不怕牺牲的英雄本色，另一方面也说明了加强体能训练的重要性。

目前，警察体能训练工作的不足体现在三个方面：一是身体机能和体质薄弱，不能适应当前警察工作的复杂环境及条件的需要；二是缺乏应有的实战技能、战术训练，制敌乏术；三是缺乏长期参加身体锻炼的习惯和终身从事体能训练的观念。如果人民警察身体素质不高，克敌制胜的本领不强，不仅不能发挥人民警察的职能作用，甚至还会付出鲜血和生命的代价。

现阶段，警校学员大多比较年轻，处于身体机能成长期，这时进行适当体能训练不仅效果显著，而且能使学员养成良好的锻炼习惯，对职业生涯的身心健康影响深远。对于人民警察来说，良好的反应能力、充沛的精力、坚定的意志及对繁重工作的承担和适应能力，都需要良好的身体素质作为基础。因此，警校学员进行体能训练不仅是为了锻炼身体，也是在训练心理，同时更是一种职业能力训练。

三、警察体能训练的任务

（一）培养终身体育锻炼的意识

选择并熟练掌握一两种感兴趣的体育项目，进行常年有规律的训练，不断提高自身的机能水平，养成终身体育锻炼的习惯。

（二）传授体育锻炼知识，培养自我锻炼能力

传授给学员必要的身体锻炼常识、体育锻炼的方法和原则，让其具备一定的自我训练的能力。这一能力可能需要相应的理论来指导，不能只简单地实施体能训练，二者要相互配合进行。

（三）是专项体能素质训练的需要

警察体能应该有较强的针对性，针对警察职业的特点，了解可能需要的身体素质，有针对性地进行干预，效果会更加理想。例如，力量训练，特别是人体核心区力量，目的是提高对抗能力，为防卫控制和警务战术训练打下必要的专项体能基础。另外，大量学者通过对警务防卫技能优秀者的体能特征因素进行分析后发现，核心区肌肉的绝对力量，对于警务技能在实战中的应用起到了举足轻重的作用，为其各种技能的学习运用增加了实效性和对抗性。因此，基于警察职业的需要，必然要求体能训练内容更加贴近实际，无论形式怎样，最终还是为警察职业需要服务的。

（四）是磨砺意志的需要

警察体能训练强调从难、从严、大运动量、大强度地要求学员，目的是让学员在挑战自我极限时不断克服困难，以此来培养他们吃苦耐劳的精神和坚强的意志。同时，通过障碍或攀爬等项目，不断锻炼学员心理素质，以此来培养他们团结协作、不断挑战自我的优秀品质。

从体能训练的任务可以明确，对于警校学员来说，无论职业要求，还是作为个体身心健康的考量，进行适当的体能训练都是不可或缺的。

四、警校学员体能训练的实施途径

警察体能训练任务全面，内容繁多，但由于各警校教学课时或者课外活动安排不一，实际上往往受课时限制，很难同时兼顾或者效果不太理想。这需要警校根据自身实际情况，充分利用各种锻炼形式，对学员的体能状态进行积极干预，督促他们进行系统、科学的体能训练。

（一）早操训练

警校学员作息制度实行的是警务化管理，一般情况下都安排了相应的早操。但这个时段城市污染空气沉降在低空阶段，空气质量较差，从生理角度来看，肌纤维之间的粘稠度较高，比较僵硬。因此，早操一定要进行适当的运动和在锻炼后进行放松恢复练习，并根据天气情况合理安排室内室外的锻炼形式，在养成良好的日常锻炼习惯的同时，真正做到强身健体。

（二）《大学体育》基础课程训练

警察院校一般在新学员刚入学阶段，开设一至两学期的大学体育课程，根据《全国普通高等学校体育课程教学指导纲要》的要求，对学员进行基本身体素质训练。其目的是传授相应的体育训练的知识，掌握相应的锻炼技能，提高身体素质，提高机能水平，养成良好的锻炼习惯，为警务技战术的学习和将来职业适应的需要打下扎实的体能基础。

（三）《警察体能》课程专门训练

警察院校会根据各校的特色和警察职业需要，选择开设一些专业性较强的体能训练课程，例如障碍场地训练、攀降训练、定向越野、泅渡和水上救生等课程。其目的是让警校学员掌握一定的专业技能，也能为警务技战术的学习打下一定的专业素质基础。

（四）课外活动

课外活动训练应该科学、系统、持续地实施，大多安排在下午四点以后，理论上这个时段进行锻炼效果最好。形式可以多样，内容要求丰富，这不仅能切实提高学员的身体素质，并且还能丰富他们的业余文化生活，是对《大学体育》和《警察体能》的有益补充，也是针对体能训练很好的一种实施办法。

（五）大课间活动练习

大课间活动是深化素质教育改革过程中出现的一种新型课间活动，是近几年在课间操基础上发展和创造的一种学校体育新的组织形式，是学校体育、警察院校体育的重要组成部分，也是落实"每天锻炼一小时"的重要保证，是缓解学生学习疲劳、培养学生体育兴趣、增强学生体质的重要手段。课间活动为学校体育、警察体育以及整个学校注入了新的生机和活力。

五、警察体能训练对警务技战术的作用

在警务实战技能训练中，体能是构成警察基本实战能力的一个重要组成部分，体能训练和防卫控制、警察战术训练一起构成了一个整体。警察通过体能训练，能够有效提高自身机体的适应能力，增进健康，改善身体形态，发展基础和专项身体素质，为将来的警察工作和警务实战技能的掌握打下坚实的基础。

所谓警务防卫控制技能，就是合理、有效地应用身体的能力；而所谓战术，就是灵活、巧妙地支配和管理体能的技能和方法。它们都是一种方法，但不是定法。同样的情况下，不同的体能状态者应用同样的技战术，技术动作完成速度和实战效果可能就完全不一样。因此，警察体能训练是根基，是它决定你技战术可能达到的高度。离开体能去谈技能和战术，无疑是空中楼阁。

警务技能训练是否能包含或兼顾体能训练呢？显然是不可能的。任何一项肌肉活动或运动项目，都需要有一定的力量、速度和耐力等作基础。这些为一切肌肉活动所需的身体素质的要求也各有侧重，所以各专项技能所需的身体素质又称为专项身体素质。大多数专项身体素质都是一般身体素质按不同相互关系综合训练而得到的。因此，警察体能训练包括了一般体能训练和特定专项素质训练。一般体能训练的目的是增进警察个体的身体健康，提高生理机能，有效改善身体形态，全面发展身体素质。而特定专项素质训练采用直接提高警务实战技能所需要的特定身体练习，以保证获得掌握警务实战技战术所必要的身体的能力。一般身体素质训练与特定身体素质训练难以完全分开，两者既可相互促进，又互为条件。一般身体素质训练为全面发展身体机能和特定专项素质训练打下坚实的基础，如果放弃一般体能素质训练，只进行特定专项素质训练，不仅限制它们可能达到的高度，而且还会由于身体机能发展不平衡，造成各种伤病的出现。从另一个角度上说，警务技战术训练和警察体能训练两者的目标是不一致的，训练计划所考虑的因素截然不同，更不用说体能训练的系统性、全面性等科学原理在课程安排中的应用，以及对整体机能和心理素质的把控和影响，是单纯的警务实战技战术训练无法完成的。因此，警察体能训练是警务实战技战术训练的基础和原动力，两者虽然相辅相成，但是不能相互替代。根据研究发现，技能一旦形成动力定型，过一段时间不练习，动作技术的空间特征并不会轻易失去，也就是说，你还会准确完成动作，但是其中的时间特征和力量特征就很容易失去。从这个意义上来讲，如果不进行定期的身体素质训练，很容易保有你学会的技能，但是会缺乏对抗能力。警务实战技术如失去了实战效果，充其量只能作为表演之用。因此，忽视体能训练，警务实战技术只能算是无根之木。

项目二　国际警察体能训练简介

目前，关于警察体能的相关文献表明，国外警察培训与国内有许多相似的地方，例如，各国都非常重视警察体能，都基于一个共同的理念，即警察体能是一名合格警察必备的基本素质。但是，由于文化背景的和警察培训模式的差异，各国的警察体能训练呈现不同的特点。

一、强调理论指导训练

西方国家（英、美等）的体能训练特别强调理论指导实践，即在一定的体育训练理念基础上（理论学习），再进行综合身体素质训练，也就是先有相应的观念塑造和基本知识的累积，保证训练的积极性和科学性，后才谈得上终身体育和自我训练。例如，英国有体能训练技巧理论学习，日本、俄罗斯和德国等有体育学的相关教学，理论教学比较完善。而我国警察体能训练起步较晚，目前还缺少较全面和完善的理论课程。

二、体能训练是警务技战术的基础

欧美的体能训练不再单纯地将警察体能训练当做健身的形式，而是更多地结合于警务技战术当中。这些国家的体能训练会根据不同的警种和不同的任务，设置不同的训练方案。为学员规划训练场地和路线时，一般会采用模拟自然状态的障碍和城市建筑群，充分考虑实际应用的场所。在进行身体素质训练的同时，又体现综合训练的特点，尽量让体能训练与警务技战术结合起来，强调体能是警务技战术有效发挥的基本保证，训练的目的性更强，训练体系内部分工更为细致。

三、训练的针对性强

国外警察体能训练虽然形式多样，但都是以训练学和运动生理学为基础，并针对警察将来可能从事的职业特点进行各种模拟训练的，例如，日本警察体能训练就有模拟现场训练方式，而美国警察强调核心区力量训练主要针对警察整天开车巡逻对腰部力量和耐力的需求。从这一点我们看出，国外警察体能训练更强调的是实用性，而且由于训练周期相对较短，训练的针对性强。

四、考核形式多样

国外警察体能考核更加多样化，不只限于基本身体素质测试，而是有着多样化的体能评价方式。例如，日本警察厅要求，警察必须定期接受各种高标准的体能测试，并采取加分制度，考核不局限于跑步、跳跃方面，增加了综合体能测试，以促进警察体能的全面发展。澳大利亚警察培训中，强调"精英从警"理念，各方面高标准要求，体能不通过就会被淘汰，淘汰数占入学学员总数的85%。

总之，国外警察体能训练的形式和特点是由自身警察培训机制决定的，与我国既有学历教育又有培训的双机制警察培训情况有一定的差异，但殊途同归，训练的目的和方向基本一致，可为我国警察体能训练改革提供有益参考。

课后思考

1. 警察体能训练与一般体能训练有什么本质上的区别？
2. 警察体能训练与警务技战术二者之间的关系如何？

单 元 二

警 察 体 能 基 础 知 识

 教学重点

1. 警察体能的特点。
2. 警察体能训练的基本原则和方法。

项目一　警察体能的特点

警察要履行法律和法规所赋予的职责，必须具备以防守和控制为理念的各种警务技能，来从容应对各种复杂凶险的环境。为了使执法过程顺利进行，警察经常会采用驱逐、限制、控制等强制手段，其中充满了危险和挑战，这对警察各项技能中的体能提出了更高的要求，相对一般体能，警察体能具有不同的特点。

一、对抗性特点

警务技战术包含了散打、搏击、擒拿、摔跤等对抗性极强的项目。在训练中需要强力的动作、迅速的位移与瞬间转向的能力，特别是在实际抓捕时，常常需要一招制敌，这对警察的速度、力量和反应提出了更高的要求，突显出极高的对抗性。

二、可控性特点

虽然各项警务控制技术是对体能要求较高的对抗项目，但针对警察职业的特点，要求武力适当，防止过度伤害被控制人员，因此，对用力的把控和关节控制感要求较高，这也是警察体能重要的特征之一。

三、柔韧性特点

警务对抗情况一般事发突然，大多数情况下不可能让警察身体做好充分准备后再进行高强度、大幅度的动作，这样就对警察身体的协调性和柔韧性提出了更高的要求，进而保证警察在无充分身体准备时，仍具备较强的身体活动能力，从而避免或减少警务活动中的受伤情况的发生。

项目二　警察体能训练的基本原则

一、自觉性原则

要提高警校学员体能训练的自觉性、积极性，首先要加强对学员的思想教育，提高学员对体能训练的认识，使学员了解体能训练的价值，训练的目的、意义，以及科学训练的知识方法。

（一）培养体能训练的兴趣

兴趣的培养应从学员明确体能训练的目的出发，提高学员对体能训练的认识，教育学员要把个人兴趣与警察工作的需求结合起来，从而激发学员的训练热情。

（二）培养训练的信心

在训练的过程中，学员难免会遇到各种复杂的问题，易产生畏难情绪和恐惧心理。教练员应根据学员的心理变化及时教育纠正，及时鼓励，使学员增强勇气和信心，积极投身于训练当中。

二、区别对待原则

区别对待原则，是指在体能训练当中，教练员要根据每个学员的个人特点，诸如年龄、性别、文化程度、健康状况、体质水平、身体条件、承受运动负荷的能力、心理素质水平等不同情况，合理地选择和有针对性地确定训练内容、方法、运动负荷和运动强度，科学地安排训练。

三、循序渐进原则

教练员安排体能训练，首先应考虑训练的内容、难度、时间、运动负荷及运动强度等，根据不同时期的训练任务制订教学训练计划。一般按照由易到难、由简到繁、由浅到深来安排训练进度。体能训练是一个长期积累的过程，是一个循序渐进的过程。因为人体在承受一定的运动负荷后，原有的平衡受到破坏，当逐渐适应了当前的运动负荷后，又将保持新的平衡，使肌体持续保持在一个从适应到不适应，再从不适应到适应的良性发展过程之中，这也是逐渐提高肌体能力的一个过程。

在体能训练过程中，还应注意训练强度与训练量之间的关系，例如，训练强度大，训练量就应相对小一些，训练强度与训练量的安排应符合肌体负荷变化的规律。训练量、训练强度应由小到大，训练时间应由短到长，训练次数应逐渐增加，这是一个身体机能逐渐适应的发展过程。

四、全面性原则

生理学研究证明，人体是由各种组织、器官和系统组成的整体，各器官系统既相对独立，又是紧密联系、相互影响的。因此，在进行体能训练时，要以促进人体机能全面发展为目的，这对于青少年学员尤为重要，青少年学员正处于身体的生长发育期，如果体能训练项目不全面，将会导致他们身体发展不协调、不平衡。

对学员进行全面的体能训练，使他们的力量、速度、耐力、灵敏和柔韧等各方面身体素质得到不断的、全面的发展，在具体的训练当中，要根据学员的身体条件、教学任务，有重点地选择训练任务和方法，全面、均衡地发展学员的身体素质。

五、合理安排运动负荷原则

合理安排运动负荷原则，是指在训练过程中，根据训练任务和训练对象的水平，有节奏地逐步加大运动负荷，直至学员的生理负荷所能承受的最大值。合理的运动负荷能使训练收到良好的效果，否则就会适得其反。运动负荷过大，超过肌体承受极限将会影响身体健康；运动负荷过小，不能对肌体产生应有的刺激，训练就不会收到明显的效果。因此，只有合理地安排运动负荷，使学员承受适宜的生理负荷量，体能训练才能收到良好的效果。

运动负荷要逐步增加，由小到大，这样才能逐步提高学员对运动负荷的适应能力。在逐步加大运动负荷的同时，还应合理安排运动负荷的节奏，大、中、小节奏相结合，使负荷与体能恢复相配合，呈现一种波浪式起伏的状态。学员只有既承受一定的负荷，又有一定的恢复体能的时间，才能承受新的、更大的负荷。

六、持之以恒原则

体能训练水平的提高是一个长期的过程，通过合理的训练，使学员的身体形态、生理机能和心理方面产生一系列良性的变化，这是一个由低到高、由弱变强的积累过程，只有持之以恒不间断地进行训练，才能使学员的机能状态得到提高。体能训练的成效不可能在短时间内取得，通过长时间训练取得的训练效果也不是一劳永逸的，因此，只有坚持长期的、持之以恒的训练，才能保持和提高体能。通过长期不间断的体能训练，体质差的学员可以变得强壮，不持之以恒地坚持体能训练，体质强的学员也可以变弱。坚持训练是硬道理，只有经过持之以恒的训练，学员才能不断提高身体素质。

七、紧贴实战原则

紧贴实战原则，是指在体能训练中，考虑警察职业的特点，增强与对抗有关的身体机能和相应肌群的能力，从实际上提高学员的对抗能力，务求为实战打下坚实的基础。

（一）状态决定于学习

针对学习过程的研究表明，个体临场表现是由学习时的情景状态决定的，也就是说，你在运动场所练就的身体能力，在相同或相似的环境下能充分展示出来。同样，在对抗情景和现实环境中练就的身体能力，能在实际的警务环境中充分表现出来。

（二）核心区力量是对抗的根本

核心区力量训练，主要包括对腰椎、骨盆和髋关节部位的肌肉群进行训练。它是整个人体的核心区域，是人体动力链的中间环节，对力量的产生和传递，以及维持身体平衡具有重要的作用。因此，只有人体核心区力量稳定提高，警务技术才能更好地发挥，对抗能力才能提高。

项目三　警察体能训练的方法

警察体能训练的方法，是指警察在体能训练的过程中，提高身体机能，发展运动能力，以及完成训练目标所采用的途径与办法。警察体能训练过程既要遵循运动发展规律，又要考虑警察职业中对抗性的要求，具有高度的挑战性，不能只是全盘照搬运动训练学中的方法，而要依照警察技战术对体能的特征需求，在借鉴传统训练方法的同时，要在警察体能训练实践中，不断总结和创新出符合警校学员体能训练的途径，推动学员身体能力的不断提高。

一、持续训练法

持续训练法，是指负荷强度较低且相对稳定，在较长的时间里无间歇地连续进行练习的训练方法。此训练法由于采用相对稳定的运动强度，持续较长时间，如跑步、游泳、骑自行车等，重点是训练警校学员的有氧耐力，因此，每次练习的运动量相对较大，强度相对较小，而且要求相对稳定。采用持续训练法进行练习，对学员机体的刺激比较缓和，有利于心血管系统和呼吸系统的机能稳步提高，可以稳步扎实身体素质基础，其所获得的训练效果虽然缓慢，但消退得也慢。

二、重复训练法

重复训练法，是指在训练过程中，在相对固定的负荷标准下，按照相同的动作结构，重复进行训练所采用的方法。例如，以相近的速度和相同的距离进行重复跑练习；采用同一姿势、同一重量的若干组杠铃练习等。在具体操作中，每一次或每一组的间歇期，都要安排充分的休息时间，使机体基本得到恢复后再进行下一次练习。

重复训练法每次练习的负荷强度较大，并且是多次重复练习，因此对提高机体各器官系统的刺激作用明显，对身体机能影响较大，能有效地提高身体素质，促进身体机能的发展。在实施的过程中，要注意练习次数和负荷强度的循序渐进，练习次数和负荷强度应随着训练水平的提升而逐步提高。同时，重复训练法也是技术训练、战术训练最常用的方法之一，在进行技术训练时，通过重复刺激，可以不断地强化大脑皮层的"痕迹"效应，使技术动作尽快地被熟练掌握，缩短技术动作泛化、分化、动力定型、自动化的过程，达到较好的训练效果。

三、变换训练法

变换训练法，是指在训练过程中有目的地变换各种练习条件的训练方法。所谓条件的变换，是指对训练的环境、动作、运动负荷、要求等进行变换。这种变换是有目的的，与相应的训练计划有关，不可随意地变换。例如，在中长跑练习中，要求学员先后做 100 米快跑、100 米慢跑、400 米快跑、400 米慢跑的练习，这是在周期性项目中采用的一种变换运动负荷的训练方法。在非周期性项目中通常采用变换动作组合的训练方法。

采用变换训练法进行练习，必然会对机体产生相应的影响，对人体中枢神经系统的协调和机体调节的灵活性具有特殊的作用，使学员的多种运动感知得到提高，如时间感、空间感、速度感、节奏感等。

四、间歇训练法

间歇训练法，是指按要求进行多组练习时，练习时间的间隔应严格按照规定时间进行，一般要求人体机能达到控制的恢复范围时（没有完全恢复），就进行下一组练习的训练方法。由于身体没有得到充分的恢复就进行下一次负荷刺激，对训练者心血管系统的刺激较大，如果控制得当，对提高呼吸和心血管系统的机能作用明显。另外，要强调的是间歇训练法除训练内容可以变换以外，与重复训练法的区别就是对休息时间有明确规定，机体的恢复程度也有较大差异。

五、循环训练法

循环训练法，是指根据具体的训练任务，有目的地建立几个作业点（或站），每一个作业点由一个或几个练习组成训练程序，让训练者按规定的路线、顺序、次数、方式和要求进行练习的方法。循环训练法一般分为两种：一是持续循环训练，此训练用时较长，站与站之间不安排间歇，运动负荷量可大一些，但负荷强度不大，训练主要用于发展一般耐力和力量耐力；二是重复循环训练，每站的负荷强度较大，每站之间和每一循环之间都有较长时间的间歇，基本上是在机体的疲劳得到恢复后才开始下一站或下一循环的练习，此训练法多用于最大力量或最快速度的练习。循环训练法常用于身体训练，它不是一种独立的训练方法，而是一种练习的组织形式，它是多种训练法的一种综合运用形式。

六、模式训练法

模式训练法，是指针对具有高度代表性的警察，明确地解析他们的运动能力和结构特点，作为规范的目标模型，依照这一要求有目的、系统地组织训练，以培养出具有相应体能特征的优秀警察。例如，对抓捕技能优秀者进行体能特征因素分析，找到相应的体能因子，建立一个反映这类技能优秀者体能结构特点的指标体系，有些指标可以定量化，有些指标只能作定性描述，力求完整反映相应技能的体能特征，并依此设定相应的训练目标和组合训练方式，提供一种标准的范式，有针对性地对学员这类技能的体能特征进行干预。

模式训练法借用的是系统控制理论，可能不是直接说明训练是如何组织的，而是提供一种理念和思路，或是一种范式，有针对性并系统地确定阶段性目标，并将训练目标化、具体化，使得训练过程定向化，检查和训练评价可以定量化或具体化，最终训练效果也容易把控。

七、模拟训练法

警察体能训练的目的之一是为警务技能掌握和警务战术的实施打下相应的体能基础，这需要与其警务技战术相匹配的身体能力。警察体能训练过程中，除了基本身体素质外，还要发展相应的警务技能专项身体素质，针对这些专项身体素质训练的模拟训练主要有以下几种：

（一）与警务技战术类似的动作结构

警校学员在体能训练过程中，采取与警务技战术类似的动作进行训练，这意味着相同的肌肉群活动，甚至相似的动作序列、相同的神经连接方式，对警务技战术的学习和掌握打下坚实的基础。

（二）相同的机体供能特点

即采取与警务技战术相同的供能特点的方式进行体能训练。例如，在快速抓捕技能训练中，需要较强的爆发力，应了解相应活动肌群，有针对性地采取无氧训练方式，模拟相应的动作节奏，提前让学员适应相应的供能运动方式。

（三）相似的操作环境

体能训练不一定非要在操场中训练，可以将训练过程放在模拟现实街区或场景中去进行，这样更加接近学员从警后的实际环境，而且通过适时地变换训练环境，也有利于增加学员的新鲜感，防止运动性疲劳的产生，有利于学员的体能训练成果在实际操作中充分发挥出来。

八、综合训练法

综合训练法，是指在训练过程中，根据不同的训练要求，将上述各种训练法有机结合起来，相对灵活地组合使用的方法。从严格意义上来说，这并不算是一种独立的训练方法，但考虑到警察体能训练项目较多，有很多属于警察特色，且技术要求较高，因此将各种训练方法灵活组合可能会取得更好的训练效果。需要强调的是，综合训练法实施时应灵活和多样，循环训练法也是综合训练法的一种。

项目四　警察体能训练的医务监督

医务监督是指通过医学和生物学手段，对从事运动训练的人的身体进行全面的检查和观察，评价其水平和状态，为科学训练提供依据。这是保证训练正常进行并取得好成绩的一种重要手段。为了提高学员的竞技水平，学员要承担大强度、大运动量的训练，这就必须要运用医学和生物学手段和技术对学员进行监测，及时了解学员身体机能变化情况和学员对于训练的适应程度，只有这样，才能保证学员既能充分发挥自身潜能，又不会造成运动性疾病而影响到训练。

一、训练前的医务监督

训练前的医务监督至关重要，它可以提前发现学员身体的疾病和不适，起到预防和避免学员受伤的作用。

（一）健康状况

1. 自我检查。学员参加体能训练之前，应养成自我检查身体状态的习惯，如生病、受伤或身体不适，要及时报告教练员，申请见习或休息，以免运动时受伤或健康情况进一步恶化。

2. 教练员检查。训练之前，教练员需要评估学员身体健康状况，排查学员身体是否有异常情况，如发现学员身体不适或异常，应及时安排学员休息或就医，避免在训练中发生危险。

3. 体格检查。包括对学员身体形态、机能进行检查和评价，建立起学员评价模型的基础。

（二）训练器材、场地与个人着装

在进行正式训练之前，要检查训练器械是否完好，需要用到的场地中是否有障碍物，并要求学员统一着作训服或运动服、运动鞋，避免在训练中受伤。

（三）准备活动

体能训练相对于一般体育课，有运动强度大、运动量大的特点，所以，充分的准备活动必不可少。为了达到训练的预期目标，体能训练的准备活动在时间上可以适当延长，让学员的身体充分预热，避免正式训练中伤病和危险的出现。

二、训练中的医务监督

（一）训练过程监测

在训练中，教练员在保证完成既定的训练任务的同时，要时刻关注学员的身体状况，这需要教练员具有丰富的训练经验。在实际操作中，对于训练量、训练强度的把握要适当，在督促和鼓励学员完成训练任务的同时，注意学员体质的个体差异，对体质较差或实在不能完成训练任务的学员要区别对待，可适当休息后再完成训练科目或见习，不能强制要求完成训练，以免出现不必要的危险。

（二）训练中应急预案

在制定训练任务的同时，要制定训练的应急预案。训练中发生受伤、出现危险状况的概率较大，这就要求教练员具备一定的医疗抢救知识，并在训练前做好充分的准备，对于常见的擦伤、扭伤、肌肉拉伤等，可先做前期处理，随后视情况安排就医；对于训练中突然出现的昏厥、休克、急性腹痛、骨裂、骨折等严重情况，要第一时间安排就医，以保证学员的身体健康。

三、训练后的医务监督

（一）整理与放松

训练后要组织学员进行整理与放松，这对于学员尽快消除疲劳、提高训练效果来说具有重要意义。教练员要注意培养学员养成训练后放松的习惯，这也是避免伤病的方法之一。

（二）肌肉酸痛与疲劳的消除

体能训练结束后，会出现肌肉酸痛和一系列疲劳症状，这时教练员应根据训练计划，适当安排学员进行必要的休息，以消除疲劳，提高训练效果。在训练强度、训练量和休息时间之间要进行科学的组合，在完成一段时间的大运动量训练之后，要有相对较长的时间来进行恢复和消除疲劳，以期出现"超量恢复"，提高训练效果。

四、训练负荷强度的医务监督

（一）自我监测

在完成既定训练任务的同时，学员要学会对训练负荷强度的自我监测。如身体突然出现恶心、昏眩、呼吸急促等症状时，要及时停止训练，并把情况反馈给教练员，由教练员进行现场评估后，安排休息或就医。

（二）教练员监测

体能训练时，合理把握训练负荷强度，是提高学员训练水平和避免受伤的重要方法。教练员应在评估学员的整体水平和考虑个体差异的情况下，制订客观、科学的训练计划，尽量使每一次的训练任务都在可控范围内。在训练中，既要让学员达到预期效果，又不能让学员因体力透支而受伤，循序渐进地提高学员的体能，切忌过度训练，造成恶性循环。

课后思考

1. 警察体能训练为什么要持之以恒？

2. 结合你的实际训练效果，你认为哪几种警察体能训练方法对于自身锻炼最为有效？

单元三

基本体能训练

 教学重点

1. 基本体能的分类。
2. 力量素质训练的重点。

项目一 力量素质训练

力量素质是指人的机体或机体的某一部分肌肉工作（收缩和舒张）时克服内外阻力的能力。外部阻力是指物体的重量、支撑反作用力、摩擦力以及空气或水的阻力等。力量素质是人体进行体育运动的基本素质之一，是获得运动技能和取得优异运动成绩的基础，同时也是其他身体素质发展的重要因素。

力量素质的作用：

1. 力量素质是进行一切体育活动的基础。我们所进行的各种体育活动都是由作为主动运动器官的肌肉以不同的负荷强度、收缩速度和持续时间进行工作而带动被动运动器官骨骼的移动来完成的。如果没有肌肉的收缩和舒张而产生的力量牵拉骨骼进行运动，则连起码的行走和直立也不可能，更不要说进行体育活动了。跑、跳、投及攀登、爬越等各种体育运动和体力劳动均离不开力量素质。一个人想要跑得快就需要具有较好的腿部后蹬力；想要跳得高、跳得远就要有较好的弹跳力；要想投（掷、推）得远就需要发展上肢爆发力；攀爬和提、拉重物等也离不开上肢、腰腹部及腿部力量，所以说力量素质是人体最基本的身体素质，是进行一切体育活动和体力劳动的基础。

2. 力量素质影响并促进其他身体素质的发展。任何身体素质都是通过一定的肌肉工作方式来实现的，而肌肉的力量是人体一切活动的基础。力量素质决定速度素质的提高、耐力素质的增长、柔韧素质的发挥和灵敏素质的表现。首先，力量素质的增长有助于速度素质的提高。因为肌肉的快速收缩是以其力量为前提的。一名短跑运动员如果没有两条强有力的腿，是不可能取得优异成绩的。我国百米曾跑过 10 秒 2 的优秀运动员余维立，深蹲达到 180 公斤。其次，力量素质也有助于耐力素质的增长。从生

活常识中可以得知，一个强有力的人总比体弱者能持续活动更长的时间。最后，力量、速度的提高会增加肌肉的弹性，促进灵敏素质和柔韧素质的发展，力量素质的水平直接影响技术动作的掌握和运动成绩的提高。运动员力量素质的增长，直接反映了运动技术掌握的快慢及运动成绩提高的程度。例如体操运动员要是没有足够的上肢和肩臂等部位的肌肉力量，就无法完成十字支撑、慢起手倒立等用力动作。球类运动中的各种急停、闪躲、变向、空中的高难动作等也都是以一定的肌肉力量为基础的。力量和爆发力是田径运动技术之外决定运动成绩的重要因素。除长距离跑的主要因素是耐力之外，其他运动项目的高水平运动成绩都与力量素质的发挥紧密相关，尤其在投掷项目中更是如此。

3. 力量素质是衡量运动训练水平的重要指标，也是各运动项目选择人才的重要依据。力量素质在运动训练实践过程中，往往是作为判断运动训练水平、评定参加何等级比赛的一项重要指标，作为判断某些专项运动潜力的一种手续，也是一些体能性运动项目选才的依据。体操运动员在完成各种动作时，虽然要借助外力的作用，但是在其动作的所有阶段，都要求运动员按照动作技术的要求，协调地运用自身的力量完成动作。

一、上肢力量训练

（一）俯卧撑

1. 作用：窄距俯卧撑锻炼臂力，宽距俯卧撑锻炼胸大肌。

2. 动作要领：身体保持从肩膀到脚踝成一条直线，双臂放在胸部位置，两手相距略宽于肩膀，用2~3秒时间来充分下降身体，最终胸部距离地面应该是2~3厘米距离左右。然后，要马上用力撑起，回到起始位置。如果做不到一个完整的俯卧撑，也可以膝盖着地。（图3-1-1、图3-1-2）

图3-1-1　　　　　　　　　　　　　　图3-1-2

（二）指卧撑

1. 作用：很好地锻炼臂力、胸大肌，以及背阔肌。

2. 动作要领；双手手指支撑身体，双臂垂直于地面，两腿向身体后方伸展，依靠手指和两个脚的脚尖保持平衡，保持头、脖子、后背、臀部以及双腿在一条直线上。两个肘部向身体外侧弯曲，身体降低到基本靠近地板。收紧腹部，保持身体在一条直线上，持续一秒钟，然后恢复原状。（图 3 - 1 - 3、图 3 - 1 - 4）

图 3 - 1 - 3 图 3 - 1 - 4

（三）仰卧撑

1. 作用：对小臂、肱三头肌能起到很好的锻炼作用。

2. 动作要领：身体仰卧，两手背后撑在稍高的凳子上（地面亦可），两脚放在较矮的凳子上（地面亦可），身体其他部分悬空。呼气，两肩放松，两臂慢慢屈肘，身体尽量下沉（尤其要沉臀），稍停 2～3 秒。在身体下沉时，动作要平稳，始终控制住肱三头肌慢慢下降，直至感到肱三头肌充分伸展。然后吸气，用力伸两臂撑起身体还原。以肱三头肌收缩力，使手臂伸直和肱三头肌处于"顶峰收缩"位，稍停。重复以上动作过程。（图 3 - 1 - 5、图 3 - 1 - 6）

图 3 - 1 - 5 图 3 - 1 - 6

（四）直臂扩胸

1. 作用：主要锻炼背肌，辅助锻炼后三角肌、斜方肌。

2. 动作要领：两腿开立，两臂前平举，然后两臂向侧打开扩胸，再还原。如此反复练习 16～20 次。要求向后扩胸速度要快，有一定力度，扩胸时抬头、挺胸、收腹。（图 3 - 1 - 7、图 3 - 1 - 8）

图 3 - 1 - 7

图 3 - 1 - 8

（五）宽握撑双杠

1. 作用：以锻炼胸大肌下沿为主。

2. 动作要领：双手宽握撑杠，将身体往上升至肘部伸直高度，双眼看向前方，始终保持肘关节指向后方，两腿、双脚自然下垂。不要故意挺胸，使胸大肌的下部位垂直于地面。（图 3 - 1 - 9）

图 3 - 1 - 9

（六）摆动臂屈伸

1. 作用：对胸肌、肱三头肌能起到很好的锻炼作用。

2. 动作要领：双手宽握（或窄握）撑杠，将身体往上升至肘部伸直高度，双眼看向前方，始终保持肘关节指向后方。吸气，屏住呼吸慢慢地将身体放下去直至你的上臂与地面平行为止。不要让胸部和肩部有明显的牵拉感，保持重点在肱三头肌上。收缩肱三头肌，快速将肘关节伸直，将身体往上推，回复肘关节至完全伸直状态。停顿片刻，重复。（图 3 - 1 - 10）

图 3 - 1 - 10

（七）引体向上

1. 作用：重点锻炼背阔肌和肱二头肌，对肩胛骨周围许多小肌肉群以及小臂肌群也有一定的训练效果。

2. 动作要领：用两手正握（掌心向前）单杠，与肩同宽，两脚离地，两臂自然下垂伸直。用背阔肌的收缩力量将身体往上拉起，当下巴超过单杠时稍作停顿，静止 1 秒钟，使背阔肌彻底收缩。然后逐渐放松背阔肌，让身体徐徐下降，直到回复完全下垂，重复再做。可以弯曲膝关节，将两小腿向后交叉，使身体略微后倾，能更好地锻炼背部肌肉。（图 3 - 1 - 11、图 3 - 1 - 12）

图 3 - 1 - 11 图 3 - 1 - 12

（八）卷身上

1. 作用：锻炼上肢以及腹部的力量。

2. 动作要领：正握直臂悬垂，爆发式用力，低头含胸，引体，收腹举腿，后倒，腿紧贴杠，向后上方伸出过杠，抬头挺胸直臂成正撑。放下时，含胸收腹，重心前移，缓慢下落成直臂悬垂。（图 3 - 1 - 13、图 3 - 1 - 14、图 3 - 1 - 15）

图 3 - 1 - 13 图 3 - 1 - 14

图 3 - 1 - 15

（九）立臂上

1. 作用：对手臂力量要求很高，能很好地锻炼肱三头肌和背阔肌。

2. 动作要领：通常此动作需要足够的爆发力，手握与肩同宽，上时一定要快。借助上升的惯性使胸口上升至单杠的高度，靠一个爆发力拉至最高点，立刻靠一个抖腰的力量往上挺，然后手臂手腕翻转支撑完成动作，最终双臂直立于单杠之上。（图3－1－16、图3－1－17）

图3－1－16　　　　　　　　　　　　　图3－1－17

（十）腕屈伸

1. 作用：对肱三头肌和胸肌能起到很好的锻炼作用。

2. 动作要领：开始时，手腕放松下垂，然后两手用力向上翻腕，将杠铃（或者哑铃）横杠向上提起使腕关节充分伸展开，然后再重复以上的动作。（图3－1－18、图3－1－19）

图3－1－18　　　　　　　　　　　　　图3－1－19

（十一）旋腕练习

1. 作用：增强腕部力量。

2. 动作要领：虎口朝上握住哑铃，把前臂伸直，屈肘。将哑铃举直，而后向外缓慢旋转，尽量让哑铃杠杆与地面平行，回到起始动作。然后向内缓慢旋转，尽量让哑铃杠杆与地面平行，回到起始动作。（图3－1－20、图3－1－21）

图 3 - 1 - 20

图 3 - 1 - 21

（十二）胸前推举

1. 作用：对胸大肌和肱三头肌能起到很好的锻炼作用。

2. 动作要领：仰卧凳上，两腿屈膝，两脚着地，双手正握杠铃，握距稍宽于肩，手臂伸直，头正颈直。吸气后慢慢放下杠铃至胸部。当杠铃轻轻接触胸部后，再将杠铃推起，同时呼气。（图 3 - 1 - 22、图 3 - 1 - 23）

图 3 - 1 - 22

图 3 - 1 - 23

（十三）两臂前上举

1. 作用：伸展肩部和上臂韧带。

2. 动作要领：两臂伸直经前至前上方举起，位于上举与前举之间 45°，两手同肩宽，掌心向下。（图 3 - 1 - 24、图 3 - 1 - 25）

图 3 - 1 - 24

图 3 - 1 - 25

（十四）直臂上举

1. 作用：伸展肩部和上臂韧带。

2. 动作要领：两臂伸直经前至上方举起，位于头顶。（图 3 - 1 - 26、图 3 - 1 - 27）

图 3 - 1 - 26

图 3 - 1 - 27

（十五）快速平推杠铃

1. 作用：刺激胸肌的外侧。

2. 动作要领：将杠铃正握于胸前，以最快的速度水平推拉杠铃。前推时手臂伸直后回拉。（图 3 - 1 - 28、图 3 - 1 - 29）

图 3 - 1 - 28

图 3 - 1 - 29

（十六）斜上推举

1. 作用：加强对背阔肌的刺激。

2. 动作要领：正握杠铃于胸前，向斜上方 45 度角推拉杠铃，两手同肩宽。（图 3 - 1 - 30、图 3 - 1 - 31）

图 3 - 1 - 30

图 3 - 1 - 31

（十七）直臂绕环

1. 作用：拉伸肩部韧带，放松关节。

2. 动作要领：两脚开立，与肩同宽，两臂垂于体侧。左右两臂同时向前、向上、向后、向下画立圆绕环，然后再反方向画立圆绕环。（图 3 - 1 - 32、图 3 - 1 - 33、图 3 - 1 - 34、图 3 - 1 - 35）

图 3 - 1 - 32

图 3 - 1 - 33

图 3 - 1 - 34

图 3 - 1 - 35）

（十八）推小车

1. 作用：增强肱三头肌、背阔肌的收缩力。

2. 动作要领：一人双手撑于地面，双腿伸直。另一人将其双脚抱于腰间，使前者用双臂力量向前爬行。主要起到臂力的锻炼作用。（图 3 - 1 - 36、图 3 - 1 - 37）

图 3 - 1 - 36

图 3 - 1 - 37

（十九）杠铃俯立划船

1. 作用：增强肱三头肌、背阔肌的收缩力和舒张力。

2. 动作要领：宽距站姿，双手正握，握距比肩稍宽，双臂完全伸直；微微屈膝，从臀部屈背，保持身体成45°角不变；持铃在身前，稍稍低于膝盖。收紧肩胛骨，绷紧整个上身，将杠铃提至上腹部。稍停顿，然后缓缓下铃回复到起始位置；重复上述动作，直至完成一组训练。（图3－1－38、图3－1－39、图3－1－40、图3－1－41）

图3－1－38

图3－1－39

图3－1－40

图3－1－41

（二十）宽握距引体向上

1. 作用：锻炼斜方肌和背阔肌，重点刺激背阔肌中、上部。

2. 动作要领：两手宽握（掌心向前）单杠，双手距离宽于肩，两脚离地，两臂自然下垂伸直。用背阔肌的收缩力量将身体往上拉起，当下巴超过单杠时稍作停顿，静止1秒钟，使背阔肌彻底收缩。然后逐渐放松背阔肌，让身体徐徐下降，直到回复完全下垂，重复再做。（图3－1－42、图3－1－43）

图3－1－42

图3－1－43

（二十一）颈后伸引体向上

1. 作用：充分锻炼上背的肌肉，诸如大圆肌、小圆肌等。

2. 动作要领：两手用宽握距正握（掌心向前）单杠，两脚离地，两臂身体自然下垂伸直。用背阔肌的收缩力量将身体往上拉起，将头至于单杠前，试着用后颈碰横杠。静止1秒钟，使背阔肌彻底收缩。然后逐渐放松背阔肌，让身体徐徐下降，直到回复完全下垂，重复再做。（图3-1-44、图3-1-45）

图3-1-44   图3-1-45

二、下肢力量训练

（一）摸高

1. 作用：锻炼弹跳力和协调能力。

2. 动作要领：使用助跑的冲力跳，是向上跳，不是向前跳。在助跑过程中不能减速，如果有足够的空间可以适当加速。跳的瞬间，要用小腿、脚腕、脚掌共同协调用力。在起跳的时候，摸高手要尽力伸展。在下落过程中，要适当屈膝来缓冲，避免受伤。（图3-1-46、图3-1-47）

图3-1-46   图3-1-47

（二）单腿深蹲起立

1. 作用：主要锻炼股四头肌，也涉及股二头肌、臀大肌。

2. 动作要领：重心移向右腿，左腿向前抬起，上体稍前倾，右腿屈膝下蹲，使大腿与小腿间的夹角小于90度，然后用力伸直右腿，成单腿站立姿势，反复做。（图3-1-48、图3-1-49）

图 3 - 1 - 48　　　　　　　　　　　图 3 - 1 - 49

（三）负重蹬台阶（蹬凳）

1. 作用：很好地锻炼和塑造臀肌和腘绳肌的训练。

2. 动作要领：握一对哑铃垂于体侧或肩负杠铃，面朝平凳一侧站立。然后右腿上跨步，置右脚于平凳上；右腿用力下蹬，带动身体至凳上直至双脚平踏凳面；接着左腿下跨步，使身体回到起始位置；然后左腿上跨步，再重复，双腿交替进行。（图 3 - 1 - 50、图 3 - 1 - 51）

图 3 - 1 - 50　　　　　　　　　　　图 3 - 1 - 51

（四）蛙跳

1. 作用：蛙跳是发展大腿肌肉和髋关节力量的一种练习。

2. 动作要领：两脚分开成半蹲，上体稍前倾，两臂在体后成预备姿势。两腿用力蹬伸，充分伸直髋、膝、踝三个关节，同时两臂迅速前摆，身体向前上方跳起，然后用全脚掌落地屈膝缓冲，两臂摆成预备姿势。连续进行 5~7 次，重复 3~4 组。主要锻炼的是股直肌和大腿肌肉。（图 3 - 1 - 52、图 3 - 1 - 53、图 3 - 1 - 54）

图 3 - 1 - 52　　　　　　　　　　　图 3 - 1 - 53

（图 3 – 1 – 54）

（五）跳深

1. 作用：跳深练习是力量练习中的一种肌肉的超等长练习，能够有效地提高运动员腿部爆发力和弹跳能力。跳深是一种连贯的肌肉拉长收缩运动，在人体从高处跳下落地时产生制动，在制动的离心阶段，肌肉因制动向下运动的身体，受重力的作用被迫拉长；随后人体向上运动，肌肉弹性势能加大，接受刺激后产生牵张反射的能力得到了提高。

2. 动作要领：选一高处约为 80 厘米的跳箱或凳子，并在距跳箱 1 米处放一个栏架，练习者站在上面往下跳，双脚一触地，尽量快速地跳过栏架。随着练习者腿部力量的提高，栏架可以增加，高度也可提高，要因人而异。另外从高处跳下后也可接连续蛙跳。（图 3 – 1 – 55、图 3 – 1 – 56、图 3 – 1 – 57）

图 3 – 1 – 55

图 3 – 1 – 56

（图 3 – 1 – 57）

（六）跳台阶

1. 作用：能很好地锻炼和塑造臀肌和腘绳肌的训练。

2. 动作要领：身体直立，双脚脚尖踮起，用小腿的力量将双脚轮换跳跃于台阶上。注意动作的协调性和连贯性。（图3-1-58、图3-1-59）

图3-1-58   图3-1-59

（七）跳跨栏

1. 作用：对下肢的弹跳力和爆发力有很好的锻炼作用。

2. 动作要领：两脚分开成半蹲，上体稍前倾，两臂在体后成预备姿势。两腿用力向斜上方蹬跳，最高点时收腹屈膝越过跨栏，随后全脚掌落地屈膝缓冲。（图3-1-60、图3-1-61、图3-1-62）

图3-1-60   图3-1-61

图3-1-62

（八）（杠铃）颈后深蹲

1. 作用：主要锻炼大腿肌群、臀大肌和下背肌群，同时也能锻炼小腿。

2. 动作要领：把杠铃置于颈后肩上，两手握住横杠的两端，使杠铃重心两边平衡。两脚分开间距15~20英寸左右，脚尖稍向外分开，两眼始终向前方看。然后使两膝慢慢弯曲，直至下蹲到全蹲的位置。使躯干挺直，背部保持平直，头部稍微抬起（始终看在一点上）。当大腿起立超过水平位置时，即慢慢伸直回复至原位置。（图3-1-63、图3-1-64）

图3-1-63　　　　　　　　　　　　　图3-1-64

（九）负重半蹲

1. 作用：主要锻炼大腿肌群、臀大肌和下背肌群，同时也能锻炼小腿。

2. 动作要领：负重（哑铃或杠铃）两脚平行开立同肩宽或略比肩宽，双腿下蹲，大小腿夹角约为90度，身体略前倾。（图3-1-65、图3-1-66）

图3-1-65　　　　　　　　　　　　　图3-1-66

（十）负重伸小腿

1. 作用：锻炼大腿前侧股四头肌的训练动作。

2. 动作要领：借助器械，或将沙袋缚于小腿。正坐在椅子上，大腿不动，膝关节伸直缓缓抬起小腿再放下。依次循环练习。（图3-1-67、图3-1-68）

图 3 - 1 - 67　　　　　　　　　　　　　图 3 - 1 - 68

（十一）肩负同伴深蹲起

1. 作用：锻炼大腿前侧股四头肌的训练动作。

2. 动作要领：让与你体重相仿一人坐于你的颈间，做深蹲运动。尽可能面对墙壁或扶手，蹲起迅速，缓缓下落。同时注意双人保护。（图 3 - 1 - 69、图 3 - 1 - 70）

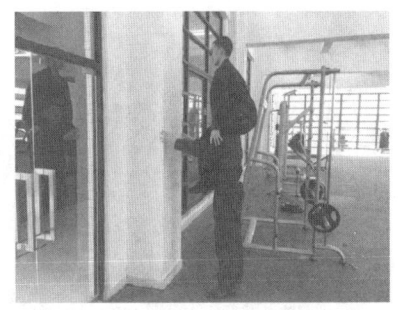

图 3 - 1 - 69　　　　　　　　　　　　　图 3 - 1 - 70

（十二）弓箭步跳

1. 作用：练习腿部肌肉和臀部肌肉的同时也可提高爆发力。

2. 动作要领：左腿向前同时蹬地迈出做弓箭步姿势，背部挺直，抬头挺胸，目视前方，两脚前后开立成弓箭步，用力蹬地起跳，然后两腿在空中交换，落地时变幻成另一腿在前的弓箭步。（图 3 - 1 - 71、图 3 - 1 - 72）

图 3 - 1 - 71　　　　　　　　　　　　　图 3 - 1 - 72）

（十三）快跳

1. 作用：增强小腿的灵活性和弹跳力。

2. 动作要领：连续快速起跳，脚后跟尽可能不接触地面。（图 3 - 1 - 73、图 3 - 1 - 74）

图 3 - 1 - 73

图 3 - 1 - 74

（十四）足尖深膝蹲

1. 作用：增强小腿爆发力。

2. 动作要领：和深蹲要领相同，注意由足尖发力并支撑，足跟不能接触地面。（图 3 - 1 - 75、图 3 - 1 - 76）

图 3 - 1 - 75

图 3 - 1 - 76

（十五）负重提踵

1. 作用：增强小腿爆发力。

2. 动作要领：首先站姿要双腿略窄于肩，双腿完全伸直，此时膝关节不要弯曲，保持上体的正直，双手持住适合自身重量的杠铃，两眼平视前方，保持身体重心。开始做动作时，脚跟慢慢地离开地面，以脚尖支撑身体平衡，呼气时慢慢向上抬起，注意控制节奏，然后再慢慢地向下还原。（图 3 - 1 - 77、图 3 - 1 - 78、图 3 - 1 - 79）

图 3 - 1 - 77

图 3 - 1 - 78

图 3 - 1 - 79

（十六）纵跳

1. 作用：增强小腿弹跳力。

2. 动作要领：双脚放直，与肩同宽，"锁紧"你的膝盖。只用你的小腿跳，只能弯曲你的脚踝，膝盖尽量不弯曲。落地时，再迅速起跳。（图 3 - 1 - 80、图 3 - 1 - 81）

图 3 - 1 - 80

图 3 - 1 - 81

三、腰腹部力量训练

（一）仰卧起坐

1. 作用：增强腹部肌肉力量。

2. 动作要领：双腿伸直，躺卧于地上，左右脚稍稍分开，步幅与肩同宽，臀部、后腰、背部、肩胛骨、两肩均与地面完全贴合，手臂屈肘，两手托在头下，手肘尽量往地面下压，充分打开胸廓。以这个躺卧姿势，头部往上微微仰起，背部以上的部位离开地面，拉伸颈部到肩胛骨之间的肌肉，同时往下收紧下巴，视线望向腹部，保持这个离地姿势4秒，然后再次躺下。（图3-1-82、图3-1-83）

图 3 - 1 - 82

图 3 - 1 - 83

（二）俯卧起立

1. 作用：增强胸大肌肌肉收缩力、上肢力量，同时可以锻炼腹部力量。

2. 动作要领：练习者俯卧于平地上，双手及双脚尖撑地，呈俯卧撑准备姿势，头部与身体纵轴呈一直线，两臂、腰、双腿伸直；然后收腿至腹部，迅速起立。起立后，身体应处于完全直立姿势，再进行下一次练习。（图3-1-84、图3-1-85、图3-1-86、图3-1-87、图3-1-88）

图 3 - 1 - 84

图 3 - 1 - 85

图 3 - 1 - 86

图 3 - 1 - 87

图 3 - 1 - 88

（三）山羊挺身

1. 作用：增强腰部力量。

2. 动作要领：俯伏在长凳上（或罗马椅），让上身前滑，直到小腹贴在凳边。向前屈体，让上体直向下垂。让一同伴压住或坐在小腿上。两手交叉放在胸前。若要增大抗力，还可抱一杠铃片在胸前。（图 3 - 1 - 89、图 3 - 1 - 90）

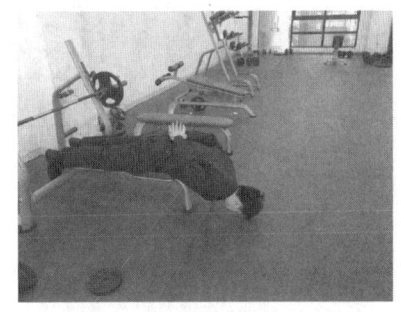

图 3 - 1 - 89

图 3 - 1 - 90

（四）负重弓身

1. 作用：增强腰部和背部收缩力。

2. 动作要领：手持哑铃或者杠铃，双腿自然开立，重心落于两腿之间。两腿自然弯曲，上肢由腰部为轴向前下方弯曲，再缓缓回拉，依次循环练习。（图 3 - 1 - 91、图 3 - 1 - 92）

图 3 - 1 - 91

图 3 - 1 - 92

（五）负重体侧屈

1. 作用：锻炼腹外斜肌。

2. 动作要领：站立，双手哑铃负重（或肩扛杠铃）。身体慢慢侧倾斜至大约35度，再慢慢还原。动作前吸气，提拉时呼气，动作结束时调整呼吸。（图3-1-93、图3-1-94、图3-1-95、图3-1-96）

图3-1-93

图3-1-94

图3-1-95

图3-1-96

（六）负重侧拉

1. 作用：锻炼腹外斜肌。

2. 动作要领：两脚分开站立同肩宽，单手持哑铃站立，使身体向一侧倾斜拉伸，尽可能加大拉伸幅度，使腹部外斜肌肉有一定拉伸感，然后还原动作反复练习。（图3-1-97、图3-1-98、图3-1-99、图3-1-100）

图3-1-97

图3-1-98

图 3 - 1 - 99　　　　　　　　　　　　　图 3 - 1 - 100

（七）仰卧两头起

1. 作用：增强腹部力量，对腹肌的收缩练习更加明显。

2. 动作要领：吸气收紧腹部，同时手臂和腿同时向上抬起离开地面，拉伸你的腹肌。收缩你的竖直肌，稍微停顿一下，再慢慢呼气放松，回到原始位置。（图 3 - 1 - 101、图 3 - 1 - 102）

图 3 - 1 - 101　　　　　　　　　　　　　图 3 - 1 - 102

（八）半仰卧起坐

1. 作用：增强腹部力量。

2. 动作要领：仰卧在地板或长凳上，双手放头后。两脚钩住凳腿等固定物。接着，挺胸直腰，头部上顶，以拉长上体的"重力臂"。然后，腹直肌发力，上体平稳升起，当与地面成 45 度夹角时，保持该姿势不动，做静力性锻炼。呼吸为顺畅的胸式呼吸，不要屏气憋劲。静停 30 秒钟左右放松还原。（图 3 - 1 - 103、图 3 - 1 - 104）

图 3 - 1 - 103　　　　　　　　　　　　　图 3 - 1 - 104

（九）蛙式仰卧起坐

1. 作用：增强腰腹部力量，对髋关节也有一定的辅助锻炼作用。

2. 动作要领：同仰卧起坐要领相同。只是腿部做盘腿或脚掌合十状，脚后跟拉向髋关节，膝关节尽可能地接触地面。（图 3 - 1 - 105、图 3 - 1 - 106）

图 3 - 1 - 105　　　　　　　　　　图 3 - 1 - 106

（十）仰卧举腿

1. 作用：很好地增强腹部肌肉和增加腹部肌肉紧张度的运动。

2. 动作要领：身体仰卧，手臂要紧紧贴着身体两侧，下腹要缩紧。把双腿举到与地面垂直，要保持垂直状态 5 秒钟。（图 3 - 1 - 107、图 3 - 1 - 108）

图 3 - 1 - 107　　　　　　　　　　图 3 - 1 - 108

（十一）悬垂举腿

1. 作用：增强下腹力量。

2. 动作要领：掌心向前正握杠柄，身体自然垂直，两脚并拢，脚尖朝地。收缩腹肌，带动双脚向上抬起至大腿与地面平行，感受腹肌的持续紧张，保持 2～3 秒。控制腹肌发力，缓慢还原，重复。（图 3 - 1 - 109、图 3 - 1 - 110）

图 3 - 1 - 109　　　　　　　　　　图 3 - 1 - 110

（十二）侧卧举腿

1. 作用：锻炼臀中肌和臀小肌，多为臀大肌锻炼之后使用的动作。

2. 动作要领：侧躺于地面，一只手臂弯曲，并置于头下；另一个手臂自然下垂在胸前，手心向下；双腿自然伸直，下面的腿贴紧地面，上腿用力提起；然后还原动作，反复练习。（图3－1－111、图3－1－112）

图3－1－111　　　　　　　　　　图3－1－112

（十三）举腿绕环

1. 作用：是锻炼髋关节和大腿的灵活性。

2. 动作要领：平卧将大腿伸直抬起，于体前环绕一周，还原动作反复练习。（图3－1－113、图3－1－114、图3－1－115、图3－1－116）

图3－1－113　　　　　　　　　　图3－1－114

图3－1－115　　　　　　　　　　图3－1－116

（十四）负重转体

1. 作用：是锻炼腹外斜肌的一种有效办法。

2. 动作要领：站立，将杠铃（或者哑铃）放在肩上，双手扶住杠铃保持平衡。通过侧腰使身体左右转动，转动幅度约为 45 度，动作在最末端需要制动。自然呼吸，不要憋气。（图 3 – 1 –117、图 3 – 1 –118）

图 3 – 1 –117

图 3 – 1 –118

四、全身力量训练

（一）窄上拉

1. 作用：锻炼腰背部肌群、腿部肌群等。

2. 动作要领：正握杠铃窄于肩膀的宽度，身体直立，重心移至两腿之间。上身迅速向上提拉杠铃，循环多次。（图 3 – 1 –119、图 3 – 1 –120）

图 3 – 1 –119

图 3 – 1 –120

（二）宽上拉

1. 作用：锻炼腰背部肌群、腿部肌群等。

2. 动作要领：正握杠铃宽于肩膀的宽度，身体直立，重心移至两腿之间。上身迅速向上提拉杠铃，循环多次。（图 3 – 1 –121、图 3 – 1 –122）

图 3 – 1 –121

图 3 – 1 –122

（三）抓举

1. 作用：锻炼核心力量、上肢爆发力。

2. 动作要领：两脚开立与肩同宽，屈膝下蹲，两手宽握杠铃；两脚蹬地发力，身体向上起身顺势拉起杠铃；当杠铃紧贴胸前拉至最高处时，双手向上翻腕上举，将杠铃举至头顶，同时身体下蹲；两脚蹬地发力，身体呈站立姿势举起杠铃。（图 3 - 1 - 123、图 3 - 1 - 124、图 3 - 1 - 125）

图 3 - 1 - 123

图 3 - 1 - 124

图 3 - 1 - 125

（四）挺举

1. 作用：锻炼核心力量、上肢爆发力。

2. 动作要领：

开始动作：将杠铃置于身前，双脚分开与肩同宽，膝盖弯曲，臀部降低。双手抓住杠铃，握距比肩稍宽，保持背部紧张。

翻腕：挺髋，用腿部的力量将杠铃拉起，至一定高度后用肩背的力量控制杠铃，同时翻腕，将杠铃置于锁骨部位。在整个动作过程中，杠铃要紧贴身体。

站立：将杠铃置于锁骨位置，双肘向前，伸展髋部和膝关节，用腿部的力量站起来，膝盖微屈，休息一会儿。如果你在这时停止动作，那么你应该做 4~5 次力量挺身循环。

挺举：绷紧膝关节和髋关节，直接将杠铃举过头顶。在完成此动作时，你可以采用并腿的形式，也可以采用弓步的形式。当双臂伸直后，再将双脚并拢。（图 3 - 1 - 126、图 3 - 1 - 127、图 3 - 1 - 128）

图 3 - 1 - 126

图 3 - 1 - 127

图 3 - 1 - 128

（五）双手持重物后抛

1. 作用：锻炼全身力量和核心力量爆发力，更能锻炼到三角肌前束。

2. 动作要领：两脚左右开立，两手持物自然，身体肌肉放松，重心落在两脚中间，眼睛视前下方。抛物经前下方至头额前上方，在这个过程中加速球的摆动速度，上体后仰，身体形成反弓状，向投掷方向抛出。（图 3 - 1 - 129、图 3 - 1 - 130、图 3 - 1 - 131、图 3 - 1 - 132）

图 3 - 1 - 129

图 3 - 1 - 130

图 3 – 1 – 131

图 3 – 1 – 132

（六）双手持重物前抛

1. 作用：锻炼全身力量和核心力量爆发力。

2. 动作要领：两脚自然开立与肩同宽，两手持物自然，身体肌肉放松，重心落在两脚中间偏前，眼睛看前下方。从前下方经过胸前至头后上方，加速球的摆速，上体后仰，身体形成反弓形，同时吸气。预摆结束时两手持物，用力积极从后上方向前上方前摆，此时的动作特点是蹬腿、送髋、腰腹急震用力，两臂用力前摆并向前拨指和腕，旨在提高手臂的鞭打速度。（图 3 – 1 – 133、图 3 – 1 – 134、图 3 – 1 – 135、图 3 – 1 – 136）

图 3 – 1 – 133

图 3 – 1 – 134

图 3 – 1 – 135

图 3 – 1 – 136

项目二　速度素质训练

速度素质是指人体快速运动的能力。快速运动反映着机体运动的加速度和最大速度的能力，速度素质包括反应速度、动作速度与位移速度。

速度素质训练的作用：速度素质训练能磨炼人的意志和毅力，增强韧性和耐心，促进对环境的适应能力。长期坚持练习的人，在完成定量工作时有三大特点：一是行动快；二是潜力大，能发挥最大的机能潜力去完成任务；三是恢复快，疲劳消除快，能迅速恢复到平静水平。速度素质训练会使练习者心肌强壮有力，蛋白和肌红蛋白量增加。此外，速度素质训练能增强心脏的耐受力。大家知道，一般人当心跳超过 100 次/分时，就会感到头昏、心慌、气喘；而长期训练速度的人，可忍受到 150 次/分。

由于运动员对不同类型信号的反应时是不同的，训练中往往根据不同项目的特点测定运动员对特定信号的反应时。如短跑、游泳等周期性竞速项目运动员主要接受听觉信号，而乒乓球运动员则主要通过接受视觉信号作出技战术反应。以下训练方法能很好地提高练习者的反应速度。

一、提高反应速度训练

（一）蹲踞式起跑

各就位：走到起跑器前，两手撑地，有力脚在前，两脚依次踏上起跑器，后膝跪地。两臂伸直与肩同宽，两手拇指相对，虎口向前，撑于起跑线后，颈部放松。

预备：两膝离地，臀部从容抬起，稍高于肩，重心前移，两脚压紧起跑器。

跑：两手迅速推离地面，两臂用力前后摆动，两脚用力蹬离起跑器，后腿积极前摆，前腿髋、膝、踝充分蹬直跑出。（图 3 - 2 - 1、图 3 - 2 - 2、图 3 - 2 - 3）

图 3 - 2 - 1

图 3 - 2 - 2

图 3 – 2 – 3

（二）站立式起跑

在离起跑线一脚的距离，一脚在前，另一脚自然放在前脚脚跟之后，宽度约为一脚至一脚半的距离，单手撑地，紧贴于起跑线。两脚分开前后站立，膝盖微屈，后脚前脚掌着地，脚跟提起来，两臂自然垂于身体两侧，两手半握拳，肘关节弯曲成 90 度，身体前倾，重心在前脚上，两眼平视前方。身体重心尽量前移，单脚撑住自己的身体，听到枪响，松手，利用前移的身体重心加上快速有力的前脚蹬地，迅速起跑。（图 3 – 2 – 4）

图 3 – 2 – 4

（三）弯道跑

为了克服离心力，弯道跑摆时，整个身体向内倾斜，摆动腿前摆时，左膝稍向外展，以前脚掌外侧着地；右膝稍向内扣，以脚掌内侧着地，同时加大右腿前摆的幅度。弯道跑摆臂时，左臂摆动幅度稍小，靠近体侧前后摆动；右臂摆动的幅度和力量稍大，且前摆时稍向左前方，后摆时肘关节稍向外。弯道技术变化的程度与跑的速度、弯道半径有关联，速度越快、半径越小，技术变化的程度越大。从弯道进入直道时，身体逐渐减小内倾程度，放松跑 2～3 步，然后全力跑完全程。（图 3 – 2 – 5）

图 3 – 2 – 5

（四）高抬腿跑

上体正直或稍前倾，两臂前后摆动。大腿积极向前上摆到水平，并稍稍带动同侧髋向前，大小腿尽量折叠，脚跟接近臀部。在抬腿的同时，另一腿的大腿积极下压，直腿足前掌着地，重心要提起，用踝关节缓冲。（图3-2-6、图3-2-7）

图3-2-6　　　　　　　　　　　　图3-2-7

（五）负重高抬腿

与高抬腿动作要领相同，可将杠铃或重物负于身上增加自身重量，着重练习腿部爆发力。（图3-2-8、图3-2-9）

图3-2-8　　　　　　　　　　　　图3-2-9

（六）负重加速跑

与加速跑动作要领相同，将沙袋或重物负于身上增加自身重量，着重练习腿部爆发力。（图3-2-10、图3-2-11）

图3-2-10　　　　　　　　　　　　图3-2-11

（七）后蹬跑

上体正直或稍前倾，两臂前后有力摆动。充分伸展髋关节，膝、踝关节蹬伸在后，后蹬力量大，重心前移，身体较放松。摆动腿积极向前上方摆动至水平或接近水平部位时，带动同侧髋充分前送，同时膝关节放松，大腿积极下压。小腿前送至足前掌着地，缓冲，迅速转入后蹬。（图 3 - 2 - 12、图 3 - 2 - 13、图 3 - 2 - 14）

图 3 - 2 - 12　　　　　　　　　　图 3 - 2 - 13

图 3 - 2 - 14

（八）小步跑变加速跑

身体稍前倾，大腿微上抬，膝关节放松；然后大腿下压，小腿顺下压的惯性前伸，并很快以前脚掌积极着地，脚趾完成扒地动作；上体正直，肩放松，两臂前后自然摆动。髋、膝、踝关节放松，迈步时膝向前摆出，髋稍有转动。当摆腿的膝向前摆动的同时，另一腿的大腿积极下压，足前掌扒地式着地，着地时膝关节伸直，足跟提起，踝关节有弹性。当跑动 20～40 米后身体逐渐前倾加速，变为冲刺。（图 3 - 2 - 15、图 3 - 2 - 16、图 3 - 2 - 17）

图 3 - 2 - 15　　　　　　　　　　图 3 - 2 - 16

图 3 - 2 - 17

（九）高抬腿接疾跑

高抬腿跑 20~40 米后，身体逐渐前倾加速，变为冲刺。（图 3 - 2 - 18、图 3 - 2 - 19）

图 3 - 2 - 18

图 3 - 2 - 19

二、提高动作速度训练

（一）10 秒钟原地快速跑或高抬腿和小步跑

在动作的强度上做了规定，让机体瞬间达到最大强度的练习，主要提高练习者的瞬间爆发力。（图 3 - 2 - 20、图 3 - 2 - 21）

图 3 - 2 - 20

图 3 - 2 - 21

（二）摆臂

双腿自然站立，原地快速摆臂，下肢保持不动。

图 3 - 2 - 22

图 3 - 2 - 23

（三）跑动冲刺练习

1. 让核心保持充分收紧，抬高脚部，跑步时应保持腹肌收缩。

2. 放松你的手臂保持双手微微弯曲，但不要紧握拳头。握拳会导致小臂紧张，这样会影响肩部的摆臂运动效率，使步频降低。

3. 双眼目视前方，保持抬头姿势，将目光固定于地平线上，从而在跑步时保持高重心状态，提高腿部上抬效率。

4. 摆臂角度要正确，保持手肘在正确角度，并将其向靠近身体的方向拉动，不要让手肘外翻，因为这样做会使我们摆臂的范围增加导致速度降低。

5. 尽量保持脚尖上翘并用中间的脚弓落地，努力使你的脚跟在臀部下方，向后向上运动，这样可以使蹬地力量不会分散，更集中。（图 3 - 2 - 24）

图 3 - 2 - 24

（四）快速箭步交换跳

双手自然抬起于胸前，右腿或左腿向前跨出一大步弯曲，使大腿与地面平行，小腿与地面呈 90 度，腰背挺直，自然呼吸，重心放在臀部，然后用力蹬地跳起，双臂随着弓步跳规律摆动，跳时最大限度用力。然后换脚，保持平衡，再次准备好，继续跳。（图 3 - 2 - 25、图 3 - 2 - 26）

图 3 - 2 - 25

图 3 - 2 - 26

（五）跨步跳

跨步跳是向上的，包括你的摆臂同时绕环向上，这也是为了向上腾起，同时向前进行。

要求：后腿用力蹬伸，前腿屈膝前顶、送髋，落地时小腿积极后拉，脚掌扒地，手臂上提摆至肩高制动，有明显的腾空时间。（图 3 - 2 - 27、图 3 - 2 - 28）

图 3 - 2 - 27

图 3 - 2 - 28

（六）下坡冲跑练习

选择平坦、有一定倾斜度的坡，进行短距离下坡冲跑练习，强迫步频转换速度。（图 3 - 2 - 29、图 3 - 2 - 30）

图 3 - 2 - 29

图 3 - 2 - 30

（七）快速持哑铃摆臂练习（2 个）

双手持适合自身重量的哑铃进行摆臂练习，要求强度和速度最大，才能更好地提高动作速度。（图 3 - 2 - 31、图 3 - 2 - 32）

图 3 - 2 - 31　　　　　　　　　　　　　　图 3 - 2 - 32

（八）快速俯卧撑原地摆臂

20 个俯卧撑起身后原地 30 秒快速摆臂，动作衔接不要有任何停顿，3 个循环为一组，重点练习上肢快速力量灵活性。（图 3 - 2 - 33、图 3 - 2 - 34）

图 3 - 2 - 33　　　　　　　　　　　　　　图 3 - 2 - 34

三、提高加速度的训练

（一）小步跑

1. 动作要领：上体正直肩放松，两臂前后自然摆动。髋、膝、踝关节放松，迈步时膝向前摆出，髋稍有转动。摆腿的膝向前摆动的同时，另一腿的大腿积极下压，足前掌扒地式着地，着地时膝关节伸直，足跟提起，踝关节有弹性。

2. 教法要点：做小步跑时，要求前后摆臂，幅度从小到大，节奏从慢到快。摆腿时膝向前，摆到半高抬腿的程度。练习原地摆臂技术可与小步跑结合起来。"小步跑大摆臂"不仅可发展全身协调能力，还可提高速率。（图 3 - 2 - 35、图 3 - 2 - 36）

图 3 - 2 - 35　　　　　　　　　　　　　　图 3 - 2 - 36

（二）高抬腿跑

1. 动作要领：上体正直或稍前倾，两臂前后摆动。大腿积极向前上摆到水平，并稍稍带动同侧髋向前，大小腿尽量折叠，脚跟接近臀部。在抬腿的同时，另一腿的大腿积极下压，直腿足前掌着地，重心要提起，用踝关节缓冲。

2. 教法要点：先学会小步跑，逐渐加大摆腿幅度，然后过渡到高抬腿跑。先学会高抬腿跑，逐渐加大向前摆动幅度及跑速，转化为"前进式高抬腿跑"。由于加大了向前的摆幅和速度，躯干适度扭转使髋向前，增大步长，增大两大腿的夹角，着地腿的膝关节可稍有弯曲接近于平跑技术。（图 3-2-37、图 3-2-38）

图 3-2-37

图 3-2-38

（三）后蹬跑

1. 动作要领：上体正直或稍前倾，两臂自然摆动。摆动腿积极向前上方摆出，由腰部扭转，同侧髋带动大腿充分前送。在摆腿的同时，另一腿大腿积极下压，足前掌着地，膝、踝关节缓冲，迅速转入后蹬。后蹬时摆腿送髋动作在先，膝踝蹬伸在后，腾空阶段重心向前，腾空时要放松，两腿交替频率要快。

2. 教法要点：后蹬要迅速，当髋膝踝三关节蹬直或接近蹬直时，立即放松，切勿在蹬直后仍保持僵直，这样做多了会影响摆腿的技术，破坏节奏。（图 3-2-39、图 3-2-40）

图 3-2-39

图 3-2-40

（四）后踢小腿跑

1. 动作要领：上体正直或稍前倾，两臂前后自然摆动。足前掌着地，离地时足前掌用力扒地，离地后小腿顺势向后踢，与大腿折叠，膝关节放松，足跟接近臀部。

2. 教法要点：后踢腿跑容易造成上体前倾，对于上体过分前倾的儿童少年，不宜多做后踢腿跑，否则会影响抬腿技术。足前掌着地时膝要有一定高度，否则容易产生制动，着地缓冲技术不好的学生不宜多做。（图 3 - 2 - 41、图 3 - 2 - 42）

图 3 - 2 - 41　　　　　　　　　　　　　图 3 - 2 - 42

（五）车轮跑

动作要领：要点同高抬腿跑。摆动大腿抬到水平，小腿随惯性向上方摆出，然后随着摆动大腿的积极下压，小腿积极向下刨扒，着地时膝关节可以稍有弯曲，上体可以稍有后仰，特别当做的距离比较长时，用踝关节缓冲，有扒地动作。（图 3 - 2 - 43、图 3 - 2 - 44、图 3 - 2 - 45）

图 3 - 2 - 43　　　　　　　　　　　　　图 3 - 2 - 44

图 3 - 2 - 45

（六）定时变速跑

慢跑过程中定点进行加速，每次加速跑 20 秒或 30 秒，然后再回到慢跑节奏，反复交替练习。（图 3 - 2 - 46）

图 3 - 2 - 46

（七）上坡跑

以一段上坡度路面为练习场地，在上坡的过程中逐渐达到最大强度和速度，能很好地提高耐力以及小腿力量。（图 3 - 2 - 47、图 3 - 2 - 48）

图 3 - 2 - 47   图 3 - 2 - 48

（八）行进间跑

行进间跑指不计起跑，在你的速度达到最快的时候开始计时。这个手段一般是测试途中跑能力的。

具体的练习方法：比如要测行进间 50 米速度，那么你要预先跑 10 米，然后从 10 米处开始计时，到 60 米冲刺，10 ~ 60 米之间的这个 50 米，为你的行进间 50 米速度。（图 3 - 2 - 49）

图 3 - 2 - 49

（九）重复跑

一般重复跑的距离与自己的主项跑的距离相一致。例如，跑 10 000 米运动员，重复跑应是 5000 米、3000 米、2000 米；5000 米运动员应是 3000 米、2000 米、1000 米……依此类推。这是锻炼无氧代谢的好机会。重复跑的距离比间歇跑的距离要长，休息时间要严格控制，一般 5000 米休息 5 分钟，3000 米休息 3 分钟，2000 米休息 3 分钟，1000 米休息 2 分钟。休息时间不能过长，随着训练水平的提高，休息时间只能缩短，这样才能提高无氧训练的水平。（图 3 - 2 - 50、图 3 - 2 - 51）

图 3 - 2 - 50　　　　　　　　　　　图 3 - 2 - 51

（十）中等强度跑

中等强度跑是指以心律为 130 次/分 ~ 150 次/分钟为强度，时间达到 40 分钟以上的匀速跑练习。重点是提高机体耐力。（图 3 - 2 - 52）

图 3 - 2 - 52

（十一）阻力跑

简单地说，就是有人通过道具向后拉着你跑，给你一种向前的阻力。它可以很好地提高练习者的下肢爆发力。（图 3 - 2 - 53）

图 3 - 2 - 53

（十二）前后摆小腿

用脚尖跑步，小腿尽量快速后摆起，脚后跟靠向臀部。动作迅速灵活，注意摆动中脚后跟不要接触地面。（图3-2-54）

图3-2-54

（十三）双人摆臂

两人面对面站立，双脚自然开立。相互拉住对方的手或者手腕做摆臂运动，目的是通过相互的力量牵引提高摆臂速度。（图3-2-55、图3-2-56）

图3-2-55　　　　　　　　　　　　　　图3-2-56

（十四）牵引上坡跑

和牵引跑类似，最主要的是在一段向上坡度的练习场地进行练习，强化个人最大耐力速度。（图3-2-57）

图3-2-57

项目三　耐力素质训练

耐力素质是指机体在一定时间内保持特定强度负荷或动作质量的能力。"一定时间"是指不同专项对运动时间的规定性。保持特定运动强度或动作质量是耐力水平的体现。耐力水平的提高表现为更长时间地保持特定强度或动作质量，或在一定时间内承受更高强度的能力。运动员要在竞赛全过程保持特定的运动强度或动作质量，就必须具备良好的耐力素质。

耐力素质训练的主要作用：①提高人体的有氧代谢能力，通俗讲就是提高人体利用氧气的能力。②锻炼心肺功能，扎实的耐力训练能让你的心肺功能更加强大。③通过耐力素质训练，对练习者意志品质的锻炼也能起到很大作用。

一、中等强度耐力训练

（一）持续慢跑

进行慢跑时，要保持上肢放松，下肢有弹性，防止受伤。慢跑时的姿势不必刻意像专业运动员那样，只要以一种不勉强的速度，在轻松的状态下锻炼就可以了。肩部放松，避免含胸。自然摆臂，呼吸均匀，两步或三步一呼一吸，有利于调节肺部功能。慢跑时应以自然、舒适为好，如果过分前倾，将会增加背部肌肉的负担；如果后仰，则会导致胸腹部肌肉过分紧张。

躯干不要左右摇晃或上下起伏太大。腿前摆时自然送髋，注意髋部的转动和放松。腿部和膝部前摆、摆正，而不是上抬，侧向动作容易引起膝关节受伤。小腿不宜跨得太远，避免跟腱因受力过大而劳损。注意小腿肌肉和跟腱在着地时的缓冲，脚落地时用前脚掌柔和地着地。

（二）持续快跑

保持头与肩的稳定。头要正对前方，除非道路不平，不要前探，两眼注视前方。肩部适当放松，避免含胸。肩放松下垂，然后尽可能上耸，停留一下，还原后重复。摆臂应是以肩为轴的前后动作，左右动作幅度不超过身体正中线。手指、腕与臂应是放松的，肘关节角度约为90度。抬肘摆臂。两臂一前一后成预备起跑姿势，后摆臂肘关节尽量抬高，然后放松前摆，随着动作加快时越抬越高。从颈到腹保持直立，而非前倾（除非加速或上坡）或后仰，这样有利于呼吸、保持平衡和步幅。躯干不要左右摇晃或上下起伏太大。腿前摆时积极送髋，跑步时要注意髋部的转动和放松。两腿前后开立，与肩同宽，身体中心缓慢下压至肌肉紧张，然后放松还原。躯干始终保持直立。

腰部保持自然直立，不宜过于挺直。肌肉稍微紧张，维持躯干姿势，同时注意缓冲脚着地的冲击。大腿和膝用力前摆，而不是上抬。腿的任何侧向动作都是多余的，而且容易引起膝关节受伤，因此大腿的前摆要正。脚应落在身体前约一尺的位置，靠近正中线。小腿不宜跨得太远，以避免跟腱因受力过大而劳损。同时要注意小腿肌肉和跟腱在着地时的缓冲，落地时小腿应积极向后扒地，使身体积极向前。另外，小腿前摆方向要正，脚应该尽量朝前，不要外翻或后翻，否则膝关节和踝关节容易受伤。可在沙滩上跑步时检查脚印以作参考。

（三）间歇跑

是指在一次或一组练习后，严格控制时间，在机体尚未完全恢复的情况下，就进行下一次练习的训练方法。此方法是德国中长跑教练员波·格施勒和生理学家莱茵德尔于20世纪40年代共同创造的，捷克的长跑巨星扎托皮克运用此方法创造了18项世界纪录。

间歇跑训练的生理特点：通过较高负荷的心率刺激，使机体抗乳酸能力得到提高。在心率未恢复到平静水平时，进行下一次练习。在间歇时间内，运动器官（肌肉）得到休息可抗疲劳，而心血管系统和呼吸系统的活动仍处于较高水平，这样多次重复刺激训练，可使肺活量水平、肺通气效率得到提高，使呼吸肌耗氧量、氧通气量下降，肺有效气体交换量增加，从而提高氧运输系统功能，同时心脏收缩力量加强，心脏容积增加，提高了心脏输出量，增强了心脏的泵血功能，从而提高了血液循环功能，为肌肉运动提供了必要的能源物质。通过间歇跑训练，心脏容积可比原来增大1/5，提高了心搏量。随着心肺功能的增强，机体的最大摄氧量水平也就明显地提高了。

（四）连续跑台阶

跑楼梯运动时膝关节部位承受负荷较大，有膝关节部位损伤和疾病的人不宜参加此项运动，否则不利于伤病的康复。上下楼梯要把握好节奏，速度不能过快，以防止摔倒。适宜的速度应控制在20～50阶梯/分钟，体力好的人可以速度快些。运动中根据体能情况及时停下来休息，防治疲劳过度。根据体能和下肢力量，可以一步一阶梯或一步数阶梯运动，阶梯的高度以14厘米～15厘米为宜，运动时间控制在5分钟～10分钟以内。（图3－3－1、图3－3－2）

图3－3－1

图3－3－2

（五）2分钟平板支撑

肘关节和肩关节与身体保持直角。在地板上进入俯卧姿势，用你的脚趾和你的前臂支撑你的体重。手臂成弯曲状，并置放在肩膀下。任何时候都保持身体挺直，并尽可能最长时间保持这个位置。若要增加难度，手臂或腿可以提高。肩膀在肘部上方，保持腹肌的持续收缩发力（控制住），保持臀部不高于肩部，脚之间与肩同宽。手部可以合十，在坚持75秒以上的时候适当抬高一下臀部（因为随着时间的推移，我们的臀部会下沉，所以需要保持臀部和腰板、腿保持直线）。颈部保持前倾，可以锻炼颈部。（图3-3-3）

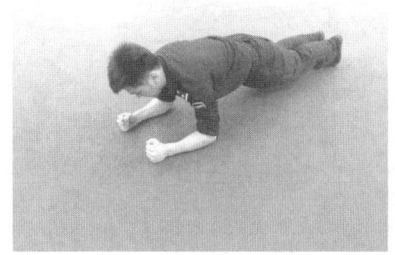

图3-3-3

（六）长距离或长时间连续跳跃

可以在空旷的练习场，也可以在跑道上进行，通过设定时间或者规定距离来练习。练习者通过双脚连续跳跃发展下肢力量及弹跳能力，培养动作协调能力。（图3-3-4）

图3-3-4

（七）跳绳跑

将绳子握在手柄中后端。单脚踩跳绳，两端拉到胸口到肚脐眼的位置。两手上臂贴近身体，手腕用力。脚尖和前脚掌起跳落地，起跳高度不能太高，以刚能过绳子最好，落地时膝盖微曲做缓冲。为了不失误，速度不宜过快，当熟练掌握后加快速度，要求不失误，逐步加强。手脚协调好动作，以绳子绕身一圈换脚一次为标准，以最快速度进行练习，可以很好地提高练习者的身体协调能力。（图3-3-5、图3-3-6）

图 3 - 3 - 5

图 3 - 3 - 6

（八）小步跑接后蹬跑

小步跑 20 米后迅速身体前倾变为后蹬跑，衔接不能有停顿。以 100 米为一个循环，反复练习。（图 3 - 3 - 7、图 3 - 3 - 8）

图 3 - 3 - 7

图 3 - 3 - 8

二、高强度耐力训练

（一）1000 米跑（男）、800 米跑（女）

中距离跑是发展耐力的练习，长时间的连续的肌肉活动是这个练习的特点。它一方要求尽量减少能量的消耗，维持一定的跑速；另一方面要求在全程跑中能根据情况具有加速跑的能力。所以，练习者在跑的全程中，正确地掌握技术和合理地分配体力是非常重要的。要求跑得轻松协调，重心移动平稳，直线性强，有良好的节奏；要尽量提高肌肉用力和放松交替的能力，既讲究动作效果，又注重节省体力。

（二）5000 米跑、10 000 米跑

长跑，即长距离跑步，路程通常在 5000 米及以上。长跑属于有氧代谢运动，参与人体各大器官的循环，特别是呼吸系统。在跑步过程中，人体对氧气的需求量不断增加，一般情况下，以 4 步一呼吸为宜，并尽量始终保持这一节奏，也可根据运动者自身的生理情况和调节习惯进行最佳调整。在呼吸方式上，以鼻吸嘴呼、口鼻混合吸较好。长跑刚开始时，由于氧气供应落后于肌肉的活动需要，因此会出现腿沉、胸闷、气喘等现象，特别是经常不锻炼的人感觉会更强，但这是正常的。如果感觉比较难受，

应停下来，步行几百米，如感到特别不适，就要停止长跑。正确掌握跑步时的呼吸方法，是练好中长跑的重要一环，也是掌握中长跑的跑步节奏和节省体力提高成绩的关键所在。

项目四　柔韧素质训练

柔韧素质是指人体各个关节的活动幅度以及肌肉、肌腱和韧带等软组织的伸展能力。运动员的肩、腰、髋、腿等部位均需要具备特殊的柔韧性，才能在运动中表现出大幅度的活动范围。柔韧性差的人，会影响动作技能的掌握，还会限制力量及速度、协调能力的发挥，也会造成肌肉、韧带损伤。在体能训练中，既要解决练习者的软开度问题，又要注重练习者的韧性问题，体现出柔中有刚和刚中有柔的效果。因此，完备的柔韧素质练习，能更好地提升体能综合素质。

柔韧素质练习的作用：①加大运动幅度，有利于肌力和速度的发挥。②提高关节的灵活性，增加动作的协调优美感，可获得最佳的机能水平。③掌握加速动作进程，有利于技术水平的提高，使技术动作显得轻巧灵活、更加协调和准确。④防止、减少伤害事故的发生，延长运动寿命。⑤柔韧素质是各项选才的重要依据之一。

一、肩部练习

（一）压肩

压肩是一种锻炼和放松肩部的方法，有利于增加肩关节的柔韧性和灵活性。面对栏杆或一定高度的物体开步站立，两手抓握栏杆，上体前俯下振压肩。要点：两臂、两腿要伸直，力点集中于肩部。（图 3 − 4 − 1、图 3 − 4 − 2）

图 3 − 4 − 1　　　　　　　　　　　　图 3 − 4 − 2

练习步骤：①下振压的振幅逐渐加大，力量逐渐加强。②肩压到极限时，静止不动，耗肩片刻。③压肩与耗肩交替练习。

易犯错误：肩部紧张，臂不直。

纠正方法：练习时注意尽量沉肩，伸臂。双脚左右分开，与肩同宽或稍宽，上体前俯、挺胸、塌腰、收髋，做下压、振肩动作。侧压肩时身体向该臂的侧前方运动，即手臂向脑后做压振动作。后压肩时双手放在背后，手臂不要弯曲，着力点在肩部，身体做蹲起动作。横压肩时手臂左右平伸呈"一字"，身体直立，两手扶住门框，身体前进，手臂后展，肩向后振压。压完肩后要抡抡臂，有疼痛感时应停止。

（二）拉肩

练习步骤：身体直立，双腿自然开立，拉伸臂伸直，另一只手抓住拉伸臂肘关节处向后拉伸。保持肩部放松，身体保持向前姿势，不要跟随手臂转动。

易犯错误：肩部紧张，臂不直。

纠正方法：练习时注意尽量沉肩，伸臂。（图3-4-3、图3-4-4）

图3-4-3　　　　　　　　　　　　　　图3-4-4

（三）吊肩

两脚并步站立，背部朝向横杠（最好是肋木），两手反臂抓握横杠。然后下蹲，两臂拉直，或悬空吊起。

要点：两手紧握横杠，两臂伸直，肩部放松。

练习步骤：双手反臂抓握横杠，上体前倾拉肩，并上下转动。屈膝下蹲，上体尽量直立，逐渐减少脚的支撑力，做向下吊肩动作。两脚离地，做吊肩动作。

易犯错误：提肩，屈臂，躬身。

纠正方法：两手握紧横杠，抬头，沉肩，立身。（图3-4-5、图3-4-6）

图3-4-5　　　　　　　　　　　　　　图3-4-6

（四）转肩

两脚开步站立，双臂伸直握拳于体前，与肩同宽，然后平举至体侧，再从体侧向反方向拉伸。

要点：两手握距要合适，转动时两臂伸直。

练习步骤：先做徒手的压肩、绕肩练习。开始握棍转肩时两手间距离可宽些，逐渐缩短距离。

易犯错误：屈肘，两肩未同时转动。

纠正方法：适当放宽握距，强调直臂，增强幅度。（图3－4－7、图3－4－8、图3－4－9）

图3－4－7　　　　　　　　　　　　　图3－4－8

图3－4－9

（五）单臂绕环

单臂绕环左弓步，右臂伸直向前或向后立绕。

要点：臂伸直，肩放松，绕环时贴身走立圆。

练习步骤：单臂绕环要力求动作连贯，劲力顺达，使肩关节充分放松，不必求快速。左右交替练习，注意协调发展。

易犯错误：肩部紧张，肘关节弯由，绕环时不走立圆。

纠正方法：放慢速度，肩部尽量放松，臂伸直，贴身立绕。（图3－4－10、图3－4－11、图3－4－12、图3－4－13）

图 3 - 4 - 10

图 3 - 4 - 11

图 3 - 4 - 12

图 3 - 4 - 13

（六）两臂前后绕环

开步站立，两臂伸直上举与肩同宽，手心相对，双臂向前，向下、向后绕环；或向后、向下、向前同时绕环。

要点：两臂伸直，肩关节放松，以腰带臂绕立圆。

练习步骤：①此动作需要一定的协调性，初次练习要放慢动作，当两臂反方向绕至体前、体后时应在一条水平线上，下落时应同时擦腿。②动作符合要求后再逐渐加快速度，也可左右交替做反方向的绕环练习。

易犯错误：两臂配合不协调，绕臂不成立圆。

纠正方法：要强调以腰带臂，肘关节伸直，身上绕两臂贴头，向下绕两手擦腿。（图 3 - 4 - 14、图 3 - 4 - 15、图 3 - 4 - 16、图 3 - 4 - 17）

图 3 - 4 - 14

图 3 - 4 - 15

图 3 - 4 - 16

图 3 - 4 - 17

二、胸部练习

（一）仰卧背屈伸

练习者腿部不动，积极抬上体、挺胸。（图 3 - 4 - 18、图 3 - 4 - 19）

图 3 - 4 - 18

图 3 - 4 - 19

（二）虎伸腰

练习者跪立，手臂前放于地下，胸向下压。要求主动伸臂，挺胸下压。（图 3 - 4 - 20、图 3 - 4 - 21）

图 3 - 4 - 20

图 3 - 4 - 21

（三）站立后仰

身体后仰，两手握环使胸挺出。要求充分伸臂，顶背拉肩。（图 3 - 4 - 22、图 3 - 4 - 23）

图 3 - 4 - 22

图 3 - 4 - 23

（四）挺腰扩胸

练习者站立做扩胸状，尽量将双臂向后拉伸，挺胸收腹。也可将头部向后仰起，挺腰，增加练习强度。（图 3 - 4 - 24、图 3 - 4 - 25）

图 3 - 4 - 24

图 3 - 4 - 25

三、腰部练习

（一）甩腰

一开始练习甩腰的时候，可以减少练习幅度，两脚开立做动作，具体要根据自身条件而定，但是甩腰一定要一气呵成，下去和起来才组成了一个完整的甩腰动作，不要下去一拍，上来一拍，这就达不到甩腰的效果了。慢慢就可以站立甩腰了，这种也叫担腰，全身要配合好，双腿要支撑好腰的力量，不然很容易失去平衡。（图 3 - 4 - 26、图 3 - 4 - 27、图 3 - 4 - 28、图 3 - 4 - 29）

图 3 - 4 - 26

图 3 - 4 - 27

图 3 - 4 - 28

图 3 - 4 - 29

（二）仰卧成桥

提臀、手腕后翻、直臂顶肩。

要求：夹肘、推手、提臀、抬头，重点解决手腕后翻、直臂顶肩技术。推手、挺髋、抬头，眼睛往后看，尽量看到后面的物体。在有人帮助下进行仰卧推起成桥练习。帮助者站在练习者体侧，先检查手脚放置是否正确，然后双手扶住练习者的腰部，上提，停留3秒，下落。（图 3 - 4 - 30、图 3 - 4 - 31）

图 3 - 4 - 30

图 3 - 4 - 31

（三）体前屈

双腿伸直，脚跟并拢，脚尖自然分开，然后掌心向下，双臂并拢平伸，上体前屈，两手指匀速前移，直至不能移动为止，复原姿势后连续再做。（图 3 - 4 - 32、图 3 - 4 - 33）

图 3 - 4 - 32

图 3 - 4 - 33

四、腿部练习

(一) 正压腿

面对一定高度的物体，比如高台、桌椅，双腿并拢站立，抬起右腿将脚跟放在肋木上，脚尖勾起，踝关节屈紧，两手扶在左腿膝盖上。两腿伸直，挺腰，同时一定要收髋，这是许多人没有注意到的地方。上体前屈，向前向下做振压腿的动作，逐渐加大力量，然后换腿做。根据柔韧性程度，可依次用肘部、前额甚至下颌去接触脚尖。

动作要点：两腿都要伸直；上体向前、向下压振时腰背要直。压振时幅度由小到大，直到能用下颌触及脚尖。（图3－4－34、图3－4－35）

图3－4－34　　　　　　　　　　　　图3－4－35

(二) 侧压腿

身体侧对肋木等支撑物，右腿支撑，脚尖稍向外撇，左腿举起，脚跟放在肋木上，脚尖勾起，踝关节屈紧，右臂上举，左掌放在腹部。两腿伸直，立腰，开髋，上体向左侧振压。髋部和腰部在这个练习中将得到锻炼。

做这个动作易出现两腿不直、身体向前弯曲。所以在练习中应注意，支撑腿的脚尖外展，被压腿尽量向身体正前顶髋，左臂向里披肩，右臂向上举，向头后伸展。同时，将腿向肩后方振压。幅度逐渐加大，直到脚尖能接触到后脑勺。

动作要点：上体保持直立，向侧、向下压振；压振幅度逐渐加大，髋关节一直正对前方。（图3－4－36、图3－4－37）

图3－4－36　　　　　　　　　　　　图3－4－37

（三）踢腿

两臂平伸，手掌直立，同时左右腿轮流上踢，上踢幅度越高越好。腿将要踢起时，要迅速地将身体重心移到另一腿上，使将要踢起的腿部肌肉放松，这样才会起腿轻，踢腿快如风。为防止摔倒，也可背靠墙或肋木练习。踢时要快，腿由下至上快速向面部摆动，这里有一个加速的过程。踢时髋部要后坐，腿上摆有寸劲。刚刚练习踢腿时，必须保持动作的规范性，宁可踢得刚过胸也不把支撑腿的腿跟抬起或膝部弯曲，或是弯腰凸背用头去迎碰脚尖，这些均说明腿的柔韧性训练不到位，韧带还没有拉开。只要坚持压踢结合，常练不辍，定会达到脚碰前额的水平。落腿应稳，初练者往往踢起腿刚落地，就踢另一腿，从而出现腿笨重、身体歪斜的现象。这是因为踢出的腿刚落地时，身体的重心还在原支撑腿上，腿下落时转移重心，势必出现上述现象。正确的做法是等腿落实后，身体重心转换结束再踢出另一腿。这样练习也有利于实战中连环腿法的应用。（图3－4－38）

图3－4－38

（四）踹腿

右脚朝前进一步的同时，左腿向前屈膝提起，上体向右旋，重心落于右腿支撑。紧接着，右脚跟向前旋转，同时上体右转，左膝关节稍内收，右脚继续向前旋转至180度，同时左脚用力向右侧方上段位踹出，高度与膝平。接着，左脚落步成左侧实战姿势。

踹腿由臀部发力，再加上重心向前的力量，腿借身力，身助腿威，以脚底外侧、全脚掌攻击对方。提膝、支撑脚旋拧、拧膝、送胯，整个动作要一气呵成，快发快收，侧踹时上体侧倾，攻击时送髋，以增加打击距离及打击强度。上体和双腿应在同一平面上，不能扭曲身体及四肢。（图3－4－39）

图3－4－39

（五）控腿

1. 侧控腿。一腿向侧方控举，为侧控腿。当一腿向侧上方举起时，膝关节挺直，脚尖勾起，在空中停留片刻后还原。左右腿交换练习。支撑腿脚趾抓地立直站稳；挺胸、收腹、立腰；腿充分上举，股四头肌绷紧，膝关节挺直，脚面绷平用力举伸。（图3-4-40）

图3-4-40

2. 前控腿。身正、塌腰，一腿挺直支撑，另一腿绷直或勾紧脚尖；腿伸直向身体两侧上举，双臂展开或扶住物体帮助稳定身体。（图3-4-41）

图3-4-41

（六）弹腿

是一种以屈伸性腿为主的练习方法。身体直立，一条腿支撑重心，另一条腿迅速向前方弹出，落地后换腿重复练习，主要作用是提高腿部的柔韧性、灵活性，拉长腿部的肌肉和韧带，加大髋关节的活动范围，通过这样的抻筋达到上下肢经络的通畅。弹腿时要将腿弹至与地面平行，动作协调连贯。（图3-4-42、图3-4-43）

图3-4-42

图3-4-43

（七）劈叉

主要用来练习大腿前后侧和髋部的柔韧性。两腿前后分开成一条直线，前腿的脚后跟、小腿腓肠肌和大腿后肌群压紧地面，正对上方；后腿的脚背、膝盖和股四头肌压紧地面，脚尖指向正后方；髋关节摆正与两腿垂直，臀部压紧地面，上体正直。可做上体前俯压紧前面腿的前俯压振动作，亦可做上体后屈的向后压振动作，以增大动作难度和拉抻幅度，动作幅度由小到大，逐渐用力；两腿左右分开成一条直线，臀部和腿部贴紧地面，脚尖朝前或朝上，上体正直，腰部挺直，两手左右打开。（图3-4-44、图3-4-45）

图3-4-44

图3-4-45

项目五　灵敏素质训练

灵敏素质是指人体在各种突然变化的条件下，能够迅速、准确、协调、灵活地完成动作的能力，是人各种运动技能和身体素质在运动中的综合表现。大脑皮层神经活动过程的灵活性及分析综合能力，是灵敏素质的重要生理基础，因此可通过训练改善和提高各感受器官功能，以增强灵敏素质。此外，在体育锻炼的实践中，掌握的运动技能愈多就愈熟练，大脑皮层中暂时神经联系的接通就愈迅速、准确，动作也愈灵巧。灵敏素质是运动技能、神经反应和各种素质的综合表现。在对抗性体育活动中（如篮球、足球等），灵敏能力是非常重要的。灵敏是人体各种运动能力在运动过程中的综合体现，良好的灵敏性有助于更快、更多、更准确、更协调地掌握技术和练习手段，使已有的身体素质充分、有效地运用到实践中去。

灵敏素质训练的作用：①能够保证人准确、熟练、协调地完成动作，取得优异运动成绩。②能够灵活、巧妙地战胜对手，取得比赛的胜利。

一、一般灵敏素质

（一）弓箭步转体

站立，双脚分开，间距与臀同宽，双手放在胸前（或手持5~8磅重的哑铃垂于体侧，以增加强度），收腹、挺胸、沉肩。右脚向前迈一步，双腿屈膝让右膝位于踝关节的正上方，左膝几乎接触地面。左脚跟抬离地面。保持箭步蹲姿势，同时上半身中立，从髋部开始下蹲，并向右侧转动躯干，左臂伸直，尽量把左手放在右脚踝的外侧，躯干保持平直。上半身回到直立姿势。左手放回髋部，同时右腿向后撒一步，双腿站直。身体回到开始时的姿势。右腿重复以上练习，完成建议的次数后换左腿练习算作完整的一组练习。也可以左右腿交替练习。（图 3-5-1、图 3-5-2）

图 3-5-1

图 3-5-2

（二）连续屈体跳

双脚自然分开，身体放松。膝盖弯曲下蹲，双臂自然向后下方摆动，跳起时双腿迅速用力蹬地，双臂上摆，目视前方。跳跃最高点时迅速收腹，提大腿，弯曲膝关节，双手抱住膝关节或者小腿。下落时放开双手，伸腿直膝，脚尖先接触地面，缓冲压力，然后还原动作做下一轮起跳，以此循环。（图 3-5-3、图 3-5-4）

图 3-5-3

图 3-5-4

（三）快速后退跑

后退跑时，两脚提踵，用脚前掌交替蹬地提膝向后跑动，上体放松直起，两臂屈肘相应摆动，保持身体平衡，两眼平视。两脚提踵，前脚掌蹬地，上体放松直起。选择草地或质地松软的平地，不要在水泥地上进行运动。运动前学会一些基本的后退摔倒时的自我保护方法。在条件允许的情况下，运动时可以派专人进行保护帮助，以确保万无一失。（图 3-5-5、图 3-5-6）

图 3 - 5 - 5

图 3 - 5 - 6

（四）燕式平衡

由单腿站立、另腿后举、两臂侧上举姿势开始，前脚向前一步，上体前倾，两臂前举或经前绕至侧平举，抬头、挺胸，支撑腿膝关节绷直，另一腿经后向上逐渐抬起，同时上体下压与地面平行。上体挺胸抬头下压，同时后腿向后上方举起。支撑腿绷直，用全脚掌控制平衡，后举腿尽量高举，两腿夹角不小于135度。（图3-5-7、图3-5-8）

图 3 - 5 - 7

图 3 - 5 - 8

（五）跳起转体360度

原地起跳，空中转体360度，落地还原。（图3-5-9、图3-5-10、图3-5-11、图3-5-12）

图 3 - 5 - 9

图 3 - 5 - 10

图 3 − 5 − 11   图 3 − 5 − 12

二、综合灵敏素质

（一）障碍跑

可将行进道路上或跑道上，设置部分障碍物，依次越过障碍物。提高练习者的脚部灵活性。

（二）10 米 ×4 折返跑

10 米长的直线跑道若干，在跑道的两端线（S1 和 S2）外 30 厘米处各划一条线。木块（5 厘米 ×10 厘米）每道 3 块，其中两块放在 S2 线外的横线上，一块放在 S1 线外的横线上。

测试方法：受测试者用站立式起跑，听到发令后从 S1 线外起跑，当跑到 S2 线前面，用一只手拿起一木块随即往回跑，跑到 S1 线前时交换木块，再跑回 S2 交换另一木块，最后持木块冲出 S1 线，记录跑完全程的时间。记录以秒为单位，取一位小数，第二位小数非"0"时则进"1"。

注意事项：①10 米 ×4 往返跑，是指在 10 米的跑道上，往返跑共 4 次，即往返各算一次，共 40 米，而非往返合起来算一次，共 80 米；②当受测者取放木块时，脚不要越过 S1 和 S2 线；③在新的公安类职位体能测试标准的 10 米 ×4 往返跑并没有写"测试不超过三次"，那就表明必须要一次性通过。（图 3 − 5 − 13、图 3 − 5 − 14、图 3 − 5 − 15、图 3 − 5 − 16）

图 3 − 5 − 13   图 3 − 5 − 14

图 3 - 5 - 15

图 3 - 5 - 16

（三）跳绳

肩膀放松，视线放在前方。两个胳膊肘贴在肋骨两侧。轻轻地抓在手柄后面，大拇指放在手柄的上面，轻轻转动手柄带动着绳子去跳。让膝盖有弹力地跳，绳子用手腕轻轻转动。不要跳得太高，要前脚掌着地，脚后跟不着地。尽可能以换脚跳绳的方式练习。（图 3 - 5 - 17）

图 3 - 5 - 17

课后思考

1. 简要阐述基本体能训练包括的内容。

2. 为什么说力量素质是进行一切体育活动的基础？

3. 结合自己的实际，你认为哪些基本素质训练最适合你体能的提高？

◇ **基本体能训练的医务指导**

1. 训练前首先要进行身体机能和医务检查，对于身体机能较差、不适合参加训练的学员和生病的学员应安排见习和休息。

2. 训练前，根据训练内容特点，讲解可能受伤的项目和技术动作，以及正确进行训练、避免受伤的方法，让学员训练时做到心中有数，减少训练损伤。

3. 训练前，准备活动要做充分，身体要充分预热。特别是进行柔韧素质训练时，准备活动的量要适当加大，时间要适当加长。

4. 制订训练计划要循序渐进，从小负荷、小运动量开始，逐步提高，避免开始便使用大运动量、大强度训练，使学员身体受伤。

5. 针对不同体质的学员，可分类、分组，按不同的训练方案进行训练。

6. 训练中要设置专门的保护人员。在进行大重量的力量练习时，保护人员可视情况多安排一些，避免学员受伤。

7. 根据实际情况，可安排专门的医务人员到场，现场处理意外受伤学员。

8. 课后要总结受伤的原因，再次强调避免受伤的正确方法，使学员加深印象，在下一次训练时避免受伤。

单 元 四
专项体能训练

 教学重点

1. 警察专项体能的基本内容。
2. 400 米障碍的技术。
3. 武装越野的技术。
4. 攀爬类训练项目的技术。
5. 公安机关录用人民警察体能测评项目的训练方法。

项目一 专项体能的概念和基本内容

一、专项体能的概念

专项体能，是指专项技能所具有的特殊的身体素质。它是建立在一般身体素质的基础上，但与专项技术相关系数较大的身体素质，要通过专门的训练才能掌握并得到提高。

专项体能不仅有一般体能的特征，而且有其特殊性：

1. 它是某一专项技能形成和发展的基础。在某一专项技能形成和发展的过程中，专项体能也在不断发展和完善。

2. 专项体能是在一般体能基础上产生和发展的，是一种特殊的体能。

3. 对于不同的技能来说，同一体能表现为双重性或多重性；对某一专项技能来说，它表现为专项体能，而对于另一专项技能来说，它又是一般体能。

二、警察专项体能的基本内容和练习方法

警察具备了一般的体能后，要进行专门的体能和技能练习，下面介绍一下专项体能的基本内容和练习方法。

（一）滚翻

滚翻在警察实际追捕、抓捕中广泛应用，它是一种实效性很强的技能，也是警察专项素质之一。滚翻具有双重实践意义：一是可以利用滚翻来迅速移动，减少自我目标的暴露；二是可以利用滚翻在特殊情况下保护身体，避免受伤。

1. 前滚翻。

（1）技术要领：蹲撑、提踵、两手撑垫，同时屈臂、低头，身体重心前移，两脚蹬地，提臀收腹团身，使头后、颈、肩、背、腰、臀依次着垫团身向前滚动。

（2）练习方法：一是仰卧，抱小腿前后滚动；二是双手撑地，蹬地做慢动作，分解动作。

（3）保护与帮助：保护者跪撑在练习者侧面，当练习者头部接近地面时，一手托其颈，一手推其臀部，帮助其完成动作后呈蹲立姿势。

（4）易犯错误与纠正方法：

易犯错误：双手撑地晚，头部着地；翻滚动作不连贯，造成摔背动作，不能形成蹲立。

纠正方法：要求先撑地，后蹬腿；在保护的帮助下，仰卧抱膝滚动呈蹲立。在下颌处夹一小海绵，低头含胸做前滚翻。

2. 后滚翻。

（1）技术要领：由蹲撑开始，双手推地，上体迅速后倒。低头含胸团身后滚动，同时双手放于肩上，手指向后，掌心向上，臀、腰、背依次着地。当后滚至肩和头部时，双手迅速用力推地、抬头，两脚着地呈蹲撑姿势。

（2）练习方法：一是仰卧，收腹屈腿团身，双手放于肩上前后滚动；二是由略高处向低处滚动。

（3）保护与帮助：保护者蹲在其侧面，当练习者翻滚到头、肩部着地时，托其臀部，使其继续滚动，完成动作。

（4）易犯错误与纠正方法：

易犯错误：后倒被动，没有足够的翻转力；翻滚时没有及时撑手，造成头部受伤；推手过早，造成后滚过程中断。

纠正方法：主动后倒，加大推手力量；手放于肩上进行后倒练习。

3. 侧滚翻。

（1）技术要领：双脚蹬地，身体侧转90度，单手屈臂，用掌心、小臂着地，低头含胸，团身用单肩和对侧臀依次着地，当背部着地时，另一侧手掌拍击地面辅助用力，滚至单脚支撑，另一腿单膝跪地。

（2）练习方法：用单手护头，蹬地侧滚翻。

（3）保护与帮助：保护者蹲在练习者的侧前方，练习者蹬地时用一手护头，进行侧滚翻，当翻滚至肩部着地时，保护者向前推其臀部，使其继续翻滚，完成动作。

（4）易犯错误与纠正方法：

易犯错误：单手撑地不及时，造成头先着地；蹬地方法不准确，造成横滚；蹬地后没有及时低头，造成向前趴而不是翻滚。

纠正方法：做动作时低头，手先撑地后再翻滚。

4. 鱼跃前滚翻。

（1）技术要领：双臂后摆稍屈膝，双臂继续前摆，重心前移，同时双脚用力蹬地，身体向前上方跃起。双手撑地，曲臂缓冲，低头团身向前翻滚，迅速抱膝呈蹲立，起立。

（2）练习方法：一是由蹲立开始，双手尽量远撑做前滚翻；二是由略高处向低处做前滚翻；三是越过一定高度的障碍物做前滚翻；四是由助跑开始做前滚翻，逐步要求高度和远度。

（3）保护与帮助：保护者站在练习者的侧前方，一手托其肩部，一手托其腿部，帮助练习者缓冲落地向前翻滚。

（4）易犯错误与纠正方法：

易犯错误：蹬地角度不合理，造成缺少滚动翻转力矩；双手前伸不够，没有及时曲臂缓冲，不能合理地保护自己。

纠正方法：助跑起跳后俯卧高海绵垫；手臂尽力前伸，手先着地，随即曲臂缓冲，团身翻滚。

（二）倒地

警察练习倒地技术不仅能提高身体素质，还能提高心理素质，保证在执行任务或特定的环境中能够适时保护自己，避免受伤。

1. 前倒。

（1）技术要领：站立，挺胸立腰，全身挺直，双手曲臂置于胸两侧，掌心向前，直体向前倒，当身体接近地面时，双手主动用力拍地，闭气，全身肌肉收紧。

（2）练习方法：一是跪地屈体，双手曲臂拍击地面；二是跪撑前倒挺身，双手曲臂拍地；三是完全前倒；四是鱼跃前倒。

（3）易犯错误与纠正方法：

易犯错误：倒地时屈膝；倒地时拍地不主动。

纠正方法：距墙1米练习前倒，直体扶墙，跪撑前倒练习。

2. 后倒。

（1）技术要领：由蹲立姿势开始，两脚向后蹬地，低头收下颌，双手向身体两侧打开，掌心向下拍击地面，身体紧张，用后背着地，同时稍挺髋。

（2）练习方法：一是身体仰卧，双手向身体两侧打开拍击地面；二是坐姿后倒拍击地面；三是蹲姿后倒拍击地面；四是后跳腾空后倒；五是后倒完整练习。

（3）易犯错误与纠正方法：

易犯错误：后倒时坐臀；低头收下颌不够。

纠正方法：臀部放一支撑物做后倒，距墙50厘米，低头收下颌，用背靠墙。

3. 侧倒。

（1）技术要领：站立后，一腿支撑，向身体侧面倒地；一手伸直一手置于胸前，掌心向下拍击地面，使身体紧张，身体和手臂同时着地。支撑腿屈膝支撑，另一腿自然伸直。

（2）练习方法：一是坐姿侧倒；二是蹲姿侧倒；三是站立侧倒；四是跳起侧倒。

（3）易犯错误与纠正方法：

易犯错误：侧倒时身体过于放松；拍击地面不主动，角度不合适。

纠正方法：身体适当紧张练习侧倒；蹲姿侧倒练习纠正拍击动作。

三、警察进行专项体能基本动作训练时要注意的问题

1. 选择专项体能训练的手段应尽可能接近本专项技术的基本动作结构。

2. 所选择的专项体能练习，要针对学员的个人特点，因人施教，发展特长或弥补不足。

3. 一次训练课中安排专项体能练习要集中，不宜分散，同时要注意各专项体能练习的次序，打好基础，难度逐渐增加。

4. 专项体能训练的比重，要根据学员的训练水平、运动年限、训练的不同阶段等因素科学调整和安排。

项目二　障碍训练

一、警察体能障碍训练简介

障碍训练是部队军事训练项目之一，是警察体能训练中的重要组成部分。通过障碍训练发展警察在执法行动中所需的奔跑、跳跃、攀爬、支撑平衡和钻爬等基本技能，提高速度、耐力、协调、灵敏等身体素质，增强警察体能，培养勇敢、坚忍不拔的意志品质，为警察在执行警务时迅速通过各种人工和天然障碍物打下良好的基础，减少不必要的牺牲和流血，对实际工作和训练起到促进的作用。障碍场练习是警察体能必要的训练科目，往往能达到事半功倍的训练效果。

二、障碍课程的价值和作用

（一）提高学生专业技能

通过不同的方式翻越不同的障碍，使学生掌握在不同的地理环境下，依靠现有的物质条件和设施，达到通过障碍的技能。

（二）全面提高学生身体素质

连续翻越多个设计不同的障碍，需要应对极大的体能考验，它对学员的速度、力量、耐力、灵敏等方面都有极高的要求。

（三）提高学生心理素质，培养学生顽强的意志品质

很多障碍项目上存在极大的危险因素，学习、完成这些项目对学员的心理也是严峻的考验。连续完成多项障碍训练，对学员的体能、意志品质的提高具有较大促进作用。

（四）提高学生的智能

许多障碍翻越是非常复杂的，有许多翻越方法，学员本人根据实际情况，能够创造性地发挥个人优势，弥补自己的不足。在这个过程中，能够锻炼学员思考问题的能力，提高他们认知、分析、解决问题的能力。

三、400米障碍场地设置标准

400米障碍场由平地跑道和障碍跑道组成，平地跑道长100米、宽1.22米，障碍跑道长100米、宽2.22米。共设置7组障碍，14个障碍物，构成往返400米障碍场体能训练的项目主要有跨桩、壕沟、矮墙、高板跳台、独木桥、高墙等训练设施。其通过的顺序为：平跑100米的障碍场——转弯——跨越三步桩——跨越壕沟时跳越矮墙——攀越高板跳台——通过独木桥——攀越高墙——匍匐通过低桩网——转弯（返回）——跨越低桩网——攀越高墙——绕行桥桩——蹬越跳台高板——钻越洞孔——跳下攀上壕沟——跨越五步桩——转弯——100米终点。

四、400米障碍技术

（一）跨越三步桩

动作要领：跑到起跨线前，一脚蹬地，另一脚向前跨出一大步，用前脚掌踏在第一根桩面上；随即前脚蹬地后脚向前跨出一大步，用前脚掌踏在第二根桩面上；前脚蹬地后脚跨出，用前脚掌踏在第三根桩面上；前脚蹬地后脚跨出，在前端线前着地。

（二）跨越壕沟

动作要领：跑至壕沟前约30厘米处，一脚蹬地起跳，身体向前上方跃起，另一脚向前跨出并跨过壕沟着地。

（三）跳越矮墙

动作要领：可采用三种方式跳越：

1. 一手一脚支撑跳越：一脚蹬地起跳，使身体跃上矮墙，起跳脚迅速上提，支撑

后推墙，支撑脚前摆着地。

2. 一手支撑跳越：一脚用力蹬地起跳，身体向前上跃起，越过矮墙着地。

3. 踏蹬跳越：一脚蹬地起跳，身体跃起，另一脚踏蹬矮墙上缘，收蹬地脚，越过矮墙。

（四）攀越高板跳台

动作要领：可采用两种方式通过：

1. 挂壁攀上：一脚蹬地起跳，同侧手攀住高板上缘远端，身体借两臂和腿的合力翻上高板。身体前倾，向下迈步至低台中部，继续抬腿向前跑进。

2. 立臂撑上：两腿起跳，两臂撑于高板上缘，收腹踏上高板。身体前倾，向下迈步至低台中部，继续抬腿向前跑进。

（五）通过独木桥

动作要领：单脚蹬地，身体跃起，迅速踏上桥面，跑步或走步通过。身体重心稍降低，保持平衡，至桥末端时，单脚着地缓冲。

（六）攀越高墙

动作要领：可采用三种方式通过：

1. 臂撑通过：跑至高墙前 1 米处，单脚起跳，两手攀住高墙上缘，将身体撑上高墙。

2. 一手一脚支撑攀越：单脚起跳，两手攀、撑于高墙上缘，身体由一手一脚支撑于高墙上缘。

3. 立臂攀越：两脚起跳，两手挂撑于高墙上缘，两手、身体同时用力，撑上高墙。

（七）匍匐通过低桩网

动作要领：屈膝弯腰，身体向前下俯冲，两臂前伸，手掌着地，借两脚蹬力钻入网内。前进时以右手扒、左脚蹬和左手扒、右脚蹬的合力交替爬行。出网时，两臂撑起上体，迅速向前跑进。

（八）跨越低桩网

动作要领：单脚蹬地，跨过第一根网线着地，后脚蹬离地面后，脚向外翻，绕过第一根网线，并向前跨过第二根网线着地。两脚依次交替跨过其他四根网线。

（九）攀越高墙

动作要领：与第六个障碍物相同。

（十）绕行桥桩

动作要领：屈膝弯腰，右脚前迈，左手扶第二根桩，身体内倾，左脚绕过第二根桩后向第三根桩前方迈出一步，依次绕过桥桩继续跑进。

（十一）蹬越跳台高板

动作要领：单脚起跳，身体跃起，蹬地脚踏于低台，另一脚屈膝上抬，踏于高台。随之屈体前移，并推板跳下。

（十二）钻越洞孔

动作要领：单腿屈膝支撑，身体向前弯腰伸头，腹部靠拢大腿，两臂前伸，使腿、头和两臂同时钻过洞孔。

（十三）跳下攀上壕沟

动作要领：屈膝弯腰，单手撑地跳下壕沟。接着迅速蹬地向上跃起，两手攀于壕沟壁上缘，用力撑起身体，一腿屈膝上抬跪于壕沟壁上缘，后脚上提，身体立起，继续向前跑进。

（十四）跨越五步桩

动作要领：跑至跨越线前，一脚蹬地，另一只脚前跨，踏在第一桩面上，接着后脚前跨踏在第二桩面上，两脚依次跨越三、四、五桩。

五、障碍训练的方法

（一）讲解法

教练员给全部学员逐个讲解障碍物的结构以及通过的动作要领。

（二）示范法

教练员先给学员做示范，让大家首先有个完整、直观的认识，示范时动作要规范、标准。然后组织大家反复练习，增加感性认识。

（三）练习法

教练员组织学员进行练习，可以采取先单个再集体、先分解再完整的练习方法，将学员分为若干小组，在训练中进行反复练习。

（四）比赛法

可以两人或两队进行比赛，通过比赛找出不足，纠正错误，共同提高。

项目三 武装越野

一、武装越野的概念、内涵和作用

武装越野是以单人或集体形式携带武器或相关装备进行奔跑的野外项目。

武装越野是部队体能训练的重要内容，也是人民警察专项体能训练的重要环节。武装越野训练能提高和发展警校学员在各种地形和复杂条件下携带武器装备快速运动和长途奔袭的能力。对促进警校学员身体机能的全面发展，增强耐力，锻炼意志，培养顽强的战斗作风和团结互助的集体主义精神，具有积极意义。

二、武装越野的技术

（一）武装越野的动作要领

1. 平地跑。腿的后蹬与前摆动作和长跑基本相同。脚的着地方法，可用全脚掌着地，并迅速过渡到前脚掌蹬地。跑坚硬路面时，可用脚掌外侧先着地，并迅速过渡到脚前掌着地。上体应保持正直或前倾，腹部稍收，头、颈自然放松，两眼平视前方。两臂前后自然摆动，摆幅稍小。

2. 草地跑。动作与平地跑基本相同，用全脚掌着地，眼睛注视前下方，以防乱草缠绊两脚，陷入洼坑或碰绊石块等物体。

3. 松软土壤（沙地）跑。用全脚掌着地，落地要轻，蹬地时腿不完全伸直，步幅要小，频率要快。

4. 上下坡跑。上坡时，上体前倾，大腿高抬，用前脚掌着地，步幅稍小。遇到较陡斜坡时，可跑"之"字形路线。下坡时上体稍后倾，以全脚掌或脚跟先着地，临近坡地的末端即快速跑到平地。下坡跑时腿不要高抬，步幅稍小，以轻快的步伐通过。

5. 田埂跑。全脚掌稍外张着地，步幅稍小，重心稍降低，两臂张开保持身体平衡，采用跑或走的方法通过。

6. 平滑和冰冻地面跑。身体重心要低，以全脚掌着地，腿不要高抬，步幅稍小，以轻便的步伐通过。

7. 雪地和沙漠跑。身体重心稍高，上体稍直，腿高抬，落地轻，以全脚掌着地，后蹬角度大，步幅小，频率快，两臂摆幅稍大。

8. 树林中跑。可一手拨挡树枝，一手护脸，防止树枝擦破、戳伤头部和眼睛，并注意地上裸露的树根和枯草绊脚。

（二）武装越野的训练要求

1. 武装越野的技术动作。武装越野的技术动作与中长跑基本相同。由于运动时间长，途中地形复杂，练习者又携带武器和装备，体力消耗大，所以跑时应根据不同的地形，采取不同的跑进方法。普通地段途中一般应以跑步完成，复杂地段可跑走相结合。跑进时，应注意动作轻松协调，保持良好的呼吸节奏，并分配和掌握合理的跑速。由于身体负荷较重，跑的过程中要注意体力分配，调整好呼吸节奏，加强后蹬力量，步幅稍小，步频稍快，身体重心适当降低，保持身体平稳前进，减少身体能量的损耗。越野跑时，武器携带以手枪、警棍为主。跑时，两臂摆动幅度适当减小，做到自然放松，可一手扶装备，一手摆动，两手交换进行。

2. 武装越野的呼吸方法。由于武装越野跑时负荷较大，机体氧需求较多，呼吸困难的情况容易出现。所以，一开始跑就应注意将呼吸的节奏和跑的节奏协调起来。呼吸时一般用口和鼻同时呼吸，随着疲劳的出现，要自然加快呼吸频率，加大呼吸的深度，以便充分呼出二氧化碳，吸入氧气。呼吸一般采用三步一呼、三步一吸或两步一呼、两步一吸的方法。随着疲劳的不断增加，呼吸的频率应有所加快，深度加大，常用一步一呼、一步一吸。跑的过程中，由于内脏器官工作条件的改变，氧气的供应落后于肌肉活动的需要，跑至一定距离时往往会出现胸部发闷、呼吸困难、跑速降低且难以继续坚持跑下去的感觉，这就是通常所说的"极点"现象。当极点出现时，一定要以顽强的意志跑下去，同时注意做深呼吸，适当调整呼吸的节奏和跑速，克服身体的不良反应，使身体逐渐适应运动强度。

3. 武装越野的体力分配。在武装越野跑训练时，应根据个人的体能和全程跑中各路段的难易情况，计划好全程的时间和各段距离的时间比例，合理地分配跑速，一般应匀速跑完全程。集体武装越野由于参加人员多，体能水平参差不齐，体力的分配尤为重要，教练员和排头学员在集体武装越野中体力分配方面起着十分重要的作用。教练员应根据本单位的实际情况和平时的训练水平划分好各段的时间比例，掌握和调整集体的跑速。跑前要及时调整好情绪，做好宣传动员工作，安排好跑进过程中的互助工作。将计划好的全程时间和各段距离的时间比例通报给学员，使人人心中有数。跑进过程中要特别注意控制好排头学员的跑速，避免时快时慢，破坏队伍的紧凑性和节奏。队形的安排上通常将体力较好的学员安排在队伍前部，体力较差者位于中部，最好者位于队伍的后部，这样可使体力好者带领、督促、帮助体力差者，从而使队伍保持较高的跑进速度。

4. 武装越野的出发跑和终点跑。

（1）出发跑。出发跑采用站立式起跑，听到"跑"的口令时两脚用力蹬地，后腿迅速前摆，两臂前后配合快速有力地摆动，使身体迅速向前冲出。

集体武装越野出发时纵深队形前后有一定的距离（50米~80米），所以排头学员在出发时应加快跑速，使队伍后半部尽快摆脱静止状态，在短时间内跑动起来。随后，排头学员要及时控制好跑速，保持好紧凑的队形，有节奏地带领集体匀速向前跑进，尽量避免"极点"过早出现。

（2）终点跑。终点跑是指临近终点的最后一段距离的冲刺跑。这时人体比较疲劳，应以顽强的意志全力以赴，加快摆臂，加强后蹬向终点冲刺。练习者要根据个人的训练水平和全程跑中体力保持的情况来决定冲刺跑的距离。

集体越野跑的终点冲刺跑，一般由教练员根据队伍整体的情况来确定冲刺跑的距离。冲刺跑前，教练员要督促队伍的后半部适当加快跑速，缩小与排头的距离，保持队伍的紧凑性，要适时地下达冲刺跑的口令和信号。冲刺跑时，排头学员要带领队伍全速冲向终点，在到达终点之后继续向前跑进30米~50米的距离，留出终点的空闲位置，避免造成队伍后半部的堵塞，延误集体通过终点的时间。队伍全体通过终点后，应放松慢跑或走动，并调整呼吸。

三、武装越野的训练方法和手段

（一）武装越野的准备活动

1. 一般性准备活动。

（1）热身跑，使心率达到120次/分左右，达到微微出汗的效果。

（2）徒手操练习：头部运动、肩部运动、扩胸运动、振臂运动、转体运动、腰部运动、腹背运动、膝关节运动、腕踝关节运动。

（3）柔韧性练习：压肩、压腿、活动髋关节、活动腕踝关节。

2. 专项准备活动。

（1）原地摆臂练习

（2）30米高抬腿练习

（3）30米后蹬跑练习

（4）100米放松大步跑练习

（5）200米、400米中速跑练习

（二）武装越野的训练方法

武装越野跑应在掌握中长跑技术动作的基础上进行练习。

1. 徒手越野跑。

（1）在简单的地形上进行徒手越野跑，中等距离或全程。

（2）在较复杂的地形上进行越野跑，过程中体会各种地形的动作要领，中等距离或全程。

（3）爬山或山坡跑，中等距离或全程。

（4）按规定的路线进行全程徒手越野跑。

2. 武装越野跑。

（1）负重或携带部分装备，在较复杂的地形上进行越野跑，中等距离或全程。

（2）在简单的地形上进行全程武装越野跑。

（3）在规定的路线上进行全程武装越野跑。

3. 集体武装越野跑。

（1）在简单的地形上进行徒手集体越野跑，距离约全程。

（2）在较复杂的地形上进行徒手集体越野跑，中等距离或全程。

（3）在简单的地形上进行超长距离的集体武装越野跑。

（4）按规定的路线进行集体武装越野跑。

4. 专项耐力训练。

（1）专项耐力训练。武装越野跑的专项耐力训练着重提高练习者有氧代谢和混氧代谢的能力。采用较多次数重复的短距离快跑，心率超过 180 次/分的练习是大强度训练；采用长距离匀速跑，心率在 150 次/分左右的练习属于中等强度训练；心率在 120 分次/左右的练习为小强度训练。

武装越野的距离越长，有氧代谢训练的比例就越大。训练时应根据不同的距离，采用不同的专项耐力练习。①变速跑：400 米快速跑加 200 米慢速跑。练习中应成组地反复多次进行。②变速越野跑：中等距离或全程。可利用地形调节不同速度。例如：上坡慢跑，下坡快跑；小路慢跑，大路快跑等。③间歇跑：距离 400 米～2000 米。成组进行间歇跑，间歇休息时间以心率恢复至 120 次/分为宜。④匀速重复跑：中短距离或中等距离。每次休息时间比重复跑时间略长。⑤接近专项距离跑或专项距离的计时跑，定期检查，以考核标准进行。

（2）速度和力量练习。速度和力量是武装越野跑的重要素质，可采用稍长距离的加速跑和变速跑练习。例如，100 米快速跑加 100 米慢速跑。进行力量练习时，可减少负重练习的重量，增加练习次数和持续时间，并适当增加较长距离的动力性练习。例如，负重的半蹲跳、负重的弓步走等练习。进行武装越野的专项力量练习时，应避免因长时间的刺激造成肌肉、关节的损伤，建议下肢力量的练习每周不超过一次，并适当穿插上肢和腰背部的力量练习，以适应负重的需要。

（三）武装越野的组训方法

1. 武装越野跑的训练步骤和原则。

（1）跑前应清点人数，检查武器、装备的背带是否牢固，防止跑步时脱落。武器和装备的背带以及鞋带的松紧要适当。装束过于松散，会在跑进过程中出现上下晃动，增大阻力，影响跑速；装束过于紧绷会造成身体不适、动作紧张、呼吸不畅、体力消耗大，过早出现疲劳症状，影响训练效果。

（2）做好准备活动，使身体的肌肉和内脏器官适应运动生理要求。

（3）武装越野跑的训练应以中长跑和徒手跑为耐力训练基础。训练初期以简单地形的徒手短程跑（中短距离）为主，以走跑结合为宜。经过适应性训练后，逐渐增加跑的距离（中等至超长距离）和跑进速度，然后在复杂的地形上，徒手跑到武装越野跑。每周至少应有三次越野跑的训练，以保持训练的连续性，训练中要逐步增加训练量、难度和强度，提高武装越野能力。

（4）武装越野跑的训练要遵循循序渐进的训练原则，科学安排训练。防止短期突击，骤加训练量、训练强度和训练密度，使人体超负荷训练，出现意外事故。

2. 武装越野跑的易犯错误动作和纠正方法。

（1）呼吸方法不正确，跑时动作僵硬、紧张、不协调。纠正方法：①掌握好呼吸节奏，注意和步频相结合。②体会徒手越野跑的放松跑和加速跑的节奏。③进行中速反复跑练习。④加强踝关节的力量练习，如半蹲蛙跳、原地纵跳练习等。

（2）跑时后蹬无力，形成"坐着跑"。纠正方法：①注意摆动腿前摆的同时带动膝部前送，并加强后蹬力量。②进行后蹬跑、上坡跑等练习，以加强腰部力量。

（3）跑时上体左右晃动或身体重心起伏过大。纠正方法：①跑时要保持上体正直，身体重心平稳前进。②注意蹬摆的方向，防止跳动式跑进。③注意蹬摆的位置和方向，防止出现内、外"八字脚"现象。④武器装备的携带要适体，防止在跑动过程中晃动过大。

3. 武装越野的组织实施方法。

（1）训练小组按规定、要求佩戴好装备，着装整齐，带到指定地点，向教练员报告，接受训练前的检查。

（2）教练员分别清点训练人数、装备情况，发现不符合要求的人员立即令其修正，然后将训练小组带到起点。

（3）发令员视小组准备完毕，发出"各就位"口令，使小组全体人员做好就位动作，身体稳定后随即用发令枪鸣枪发令，计时员立即开动秒表计时，小组听到枪声后立即出发。

（4）训练小组在途中跑时，途中小组负责人注意检查犯规情况，重点监控小组是否按规定路线跑进，掉队人员是否接受非训练人员帮助或替换人员，一旦发现立即记录犯规地点及犯规情况，并将情况报告给教练员。

（5）当训练小组经过转折点时，转折点工作人员要清点小组人数；当小组向终点冲刺时，计时员应注意小组的最后一名队员，以最后一名通过终点的时间记取该小组的训练成绩。

（6）小组全部到达终点后，教练员召集小组到指定检查处列队，对训练小组人数、装备和装具进行检查，并核查犯规情况，最后确定训练成绩。

四、武装越野的负荷控制

（一）时间控制

要求练习者在规定的时间内跑完最长的距离。例如，测试练习者在 12 分钟内完成多少距离。

（二）数量控制

在一组训练中要求练习者跑完规定的距离，但对时间的限制很宽松。例如，一组训练中要求练习者用 20 分钟的时间跑 5000 米。

（三）增减难度

耐力较强的练习者可以有意识地改变负荷或身体某部位的姿势以增加练习的难度。例如，在练习者腿部绑上沙袋跑完一定距离或全程。

（四）心率控制

关于耐力训练的心率控制，建议体能差的练习者，以 60% 的训练心率进行训练；体能较好的练习者以 70% 的训练心率进行训练；体能极佳的练习者采用 80%～90% 的训练心率训练。

心率储备计算法：

以 20 岁身体状况较好的男性练习者为例：

第一步：确定最大心率。220－20（年龄）＝200，即最大心率为 200 次/分。

第二步：测量安静心率。假设为 69 次/分。

第三步：最大心率－安静心率＝储备心率。即：200－69＝131 次/分。

第四步：训练心率＝训练强度百分比×储备心率＋安静心率。以 70% 的强度训练为例：70%×131＋69＝160.7 次/分

五、武装越野的考核规则与测试方法

（一）保障条件

适合武装越野、便于丈量的场地，号码布，秒表。学员携带手枪、防毒面具 1 个、警棍 1 个、强力手电筒 1 个、水壶 1 个（装满水）、挎包（内装洗漱用品）等；其他越野装备；着作训服，戴作训帽，穿作训鞋，扎腰带。

（二）考核规则

1. 按规定佩戴装具。

2. 按规定路线完成计划的 3 公里或 5 公里（按照实际训练目标制定）。

3. 从"开始"的信号发出至测试者按要求完成规定距离所用的时间为最终时间。

4. 成绩精确到秒。

（三）测试方法

1. 设测试组长 1 名，计时员 1 名，终点名次记录员若干名，检查员若干名。

2. 测试组长负责全面工作兼发令，同时协助计时员计时。计时员负责计时。终点名次记录员在终点负责判定、记录每个受测者到达终点的顺序。检查员负责检查装具及受测者在途中是否犯规。

3. 出发时，计时员在组长发出"开始"的信号时同时开表。受测者到达终点时，由指定的终点名次记录员观察并按到达顺序报出到达者的号码，另两名终点名次记录员负责记录。计时员依次记录受测者成绩（集体越野考核只记录最后一名受测者的成绩）。最后一名到达终点后，终点名次记录员与计时员按所记名次顺序和成绩，逐一核对并登记成绩。检查员将检查情况及时报告组长。

项目四 攀爬类训练项目

攀爬技能是现代警察必备的一项警务技能，也是警察专项体能素质的一个重要方面，它在现代警务训练和实战中具有突出的地位和作用。系统的攀爬训练，既可以有效提高警校学员超越障碍的能力，培养警校学员勇敢顽强的意志品质和沉稳果敢的心理素质，还可以促进警校学员的速度、灵敏、协调、耐力等多种素质能力的有效提高，最终提高单人警力在现代化警务行动中的作战能力。

一、爬绳（杆）

（一）爬绳（杆）的作用

爬绳（杆）主要能增强练习者的上肢、肩背肌肉力量和上下肢配合的协调性，提高警务行动中攀爬、翻越障碍物的能力，同时培养练习者良好的意志品质，为完成警务行动任务服务。

（二）动作要领

1. 爬绳。

（1）动作要领：两手抓握吊绳，曲臂引体的同时收腹提腿，用左（右）脚的外侧和右（左）脚的内侧夹住绳索，随着两脚踩蹬绳索，两手交替引体上移，手脚并用攀登至高处。对于上肢力量较好的练习者，也可不借助下肢力量，小腹微收，身体自然下垂，仅靠两手臂的曲臂引体和换握动作完成攀登。

（2）常犯错误与纠正方法：

常犯错误：两脚蹬夹吊绳动作不准确，与上肢引体动作配合不连贯。

纠正方法：在较低位置处，在他人协助保护下反复体会练习。

2. 爬杆。

（1）动作要领：两手抓握吊杆，曲臂引体的同时收腹提腿，用大腿和两脚夹住吊杆，随着两脚夹蹬吊杆，两手交替引体上移，手脚并用攀登至高处。对于上肢力量较好的练习者，也可不借助下肢力量，小腹微收，身体自然下垂，仅靠两手臂的曲臂引体和换握动作完成攀登。

（2）常犯错误与纠正方法：

常犯错误：两脚蹬夹吊杆动作不准确，与上肢引体动作配合不连贯。

纠正方法：在较低位置处，在他人协助保护下反复体会练习。

（三）爬绳（杆）的训练方法

通常采用难度递增训练法，可先固定吊绳（杆）下端，在他人的协助下进行短距离训练，逐渐过渡到练习完整动作。强化引体向上辅助练习，增强前臂屈肌力量。

（四）爬绳（杆）的考核规则与测试方法

1. 保障条件：吊绳（杆）攀登场，绳（杆）直径约 0.04 米，下端不固定。攀登架高 7 米，在吊绳（杆）离地面垂直距离 1.7 米处设一条起攀标志线。着装由各单位根据情况自行统一。

2. 考核规则。

（1）受测者面对绳（杆）站立，一手握住吊绳（杆）起攀标志线。听到"开始"的信号后向上攀登（可采用两手攀登或手脚并用攀登），攀登高度为 5 米，攀登至绳（杆）顶部时，迅速用手触摸挂环部位，再迅速攀下，直至一手握住起攀标志线，松手落地为完成一次攀爬。

（2）凡出现下列情况之一者，该次不予计数：

①开始攀登时，手没有握住吊绳（杆）的起攀标志线；

②攀至最高点时，手未触及挂环部位即下攀；

③攀下时，手未触及起攀标志线即腾空落地；

④使用手套、护掌等护具进行攀登；

⑤借助他人或其他手段固定吊绳（杆）下端完成动作。

（3）按要求完成规定攀爬次数者为合格。

3. 测试方法。

（1）记录员 1 名，安全员 1 名；

（2）记录员负责记录受测者所完成的正确动作次数，安全员负责安全保护。

二、三人协助攀登

（一）三人协助攀登的作用

三人协助攀登可培养警校学员勇敢、果断、机智的意志品质和团结协作精神，提高警务行动中攀登的技巧和攀爬、翻越障碍物的能力。

（二）三人协助攀登的动作要领

1. 第一名攀上。两名协助者先跑到简易攀登墙下，身体侧对墙，面对面站立，两腿分开，稍屈膝半蹲；两人各自左手握住自己的右手手腕后，再用右手握住对方手腕成交合状；第一名攀登者跑步至墙下，单脚踏上两人交合状手臂之上，在下面两名协助者蹬腿托手的合力之下，迅速向上跃起。手扣墙壁上缘，按照拉、撑臂、跨的动作顺序快速攀上高墙。

2. 第二名攀上。墙下一名协助者背靠墙壁下蹲，臀部紧靠墙壁，两手掌交叉重合置于小腹前；第二名攀登者单脚踏上协助者交叉手掌之上，在协助者两腿蹬伸和两臂向上托送的助力之下，迅速向上跃起，并按照第一名攀登者的攀登方法攀上。第一名攀登者在墙上骑坐，并适时助力第二名攀登者。

3. 第三名攀上。最后一名攀登者，两臂上伸，向上跳起；前两名攀上者分别抓住其左右手腕，向上提拉，第三名攀登者借力快速攀上。

4. 跳下。当第三名攀登者两肘挂住墙上缘时，右侧攀登者先跳下墙，为第三名攀登者挂腿攀上墙留出足够的空间；左侧攀登者抓住其腰部辅助其继续攀上；最后，两人依次跳下，并快速通过墙后面5米处终点。

（三）三人协助攀登的训练方法

配合是训练的重点，包括双人快速形成交合状手腕，二托一、一托一和二拉一的配合动作；先反复练习单个配合动作，形成默契后，再练三人的整套配合动作；强化引体向上辅助练习，增强前臂屈肌力量。

（四）三人协助攀登的考核规则与测试方法

1. 保障条件：攀登墙（高2.8米、宽2.5米），墙后设2.5米×3米平整沙坑，秒表。着作训服，不戴作训帽，穿作训鞋。

2. 考核规则。

（1）受测者三人站立于出发线后，听到"开始"信号后，在不借助任何器材的情况下，协作从攀登墙的上方通过，并到达墙后5米处终点线。

（2）从"开始"的信号发出到最后一名受测者到达终点所用的时间为最终成绩。

（3）成绩精确到秒。

3. 测试方法。

（1）计时员1名，发令员1名。

（2）计时员负责计时和登记成绩，发令员负责发令和检查。

（3）计时员在发令员发出"开始"信号同时开表，在最后一名受测者到达终点时停表，并登记成绩。

三、攀爬软梯

（一）攀爬软梯的作用

攀爬软梯主要能增强警校学员的上肢、肩背肌肉力量和上下肢配合的协调性，提高警务行动中攀爬、翻越障碍物的能力，培养警校学员良好的意志品质。

（二）攀爬软梯的动作要领

1. 动作要领：两手握软梯横杆，一脚踏在第一节横杆上，另一脚着地。爬梯时，着地脚用力蹬离地面，横杆上脚向下蹬梯，同时两臂用力向上曲臂引体，上体正直，贴杆上升；然后蹬地腿屈膝（膝盖向外），上抬，用前脚掌踏第三杆，腿在杆上面，同时腾出一手向上攀引，以此动作手脚依次交替攀上软梯。

2. 常犯错误与纠正方法:

常犯错误:臀部后坐,重心过于靠外,手臂未屈臂引体用力。

纠正方法:在较低位置处,在他人协助和保护下反复体会练习。

(三)攀爬软梯的训练方法

通常采用难度递增训练法,先进行爬直梯练习或固定软梯下端进行练习,再逐步过渡到练习攀爬规定软梯。强化引体向上辅助练习,增强前臂屈肌力量。

(四)攀爬软梯的考核规则与测试方法

1. 保障条件:绳梯攀登场,攀登架高 7 米,软梯长 6.5 米、宽 0.35 米,梯间距 0.4 米,在软梯下端离地面垂直距离 0.5 米处设第一横杠,秒表。着装由各单位根据情况自行统一。

2. 考核规则。

(1)受测者面对软梯自然站立,两手握梯,一脚踏在第一节杠上,一脚着地。听到"开始"的信号后,从正面攀爬至顶部,并用手触摸梯架顶部,再攀下,直至一脚触及地面为完成一次攀爬,再进行第二次攀爬,连续完成三次。

(2)凡出现下列情况之一者,该次不予计数:

①攀下时,脚未触及地面便向上攀爬,或者腾空落地;

②下攀前手未触及梯架顶部;

③借助他人或其他手段固定软梯下端完成动作。

(3)按要求完成规定攀爬次数所用的时间为最终成绩。

(4)成绩精确到秒。

3. 测试方法。

(1)计时员 1 名,安全员 1 名;

(2)计时员发出"开始"信号同时开表,检查受测者是否按要求完成动作,当受测者最后一次攀下,脚落地的瞬间停表,并登记成绩。安全员负责安全保护。

项目五　人民警察体能测评项目、标准、实施规则以及训练方法

为适应新形势下警察工作和警察队伍建设的实际需要,达到选拔高素质的人民警察,提高警队战斗力的目的,同时使警察机关招警体能测评工作更具有针对性和可操作性,在广泛征求意见的基础上,国家人力资源和社会保障部、公安部、公务员局研究制定了《人民警察体能测评项目和标准(暂行)》。新标准于 2011 年 4 月 21 日发布启动,旧标准同时废止。新标准明确规定:执行过程中,凡其中一项不达标的,视为体能测评不合格。下面我们一起来认识新标准。

一、人民警察体能测评项目和标准

男子组：

项目	标准	
	30 岁（含）以下	31 岁（含）以上
10 米 ×4 往返跑	≤13″1	≤13″4
1000 米跑	≤4′25″	≤4′35″
纵跳摸高	≥265 厘米	

女子组：

项目	标准	
	30 岁（含）以下	31 岁（含）以上
10 米 ×4 往返跑	≤14″1	≤14″4
800 米跑	≤4′20″	≤4′30″
纵跳摸高	≥230 厘米	

二、人民警察体能测评实施规则

（一）10 米 ×4 往返跑

场地器材：10 米长的直线跑道若干，在跑道的两端线（S1 和 S2）外 30 厘米处各划一条线。木块（5 厘米 ×10 厘米）每道 3 块，其中 2 块放在 S2 线外的横线上，一块放在 S1 线外的横线上。秒表若干块，使用前应进行校正。

测试方法：受测者用站立式起跑，听到发令后从 S1 线外起跑，当跑到 S2 线前面，用一只手拿起一木块随即往回跑，跑到 S1 线前时交换木块，再跑回 S2 交换另一木块，最后持木块冲出 S1 线，记录跑完全程的时间。记录以秒为单位，取一位小数，第二位小数非"0"时则进 1。

注意事项：当受测者取放木块时，脚不要越过 S1 和 S2 线。

S1		S2
		← →
	←10 米→	30 厘米

（二）男子 1000 米跑、女子 800 米跑

场地器材：400 米田径跑道。地面平坦，地质不限。秒表若干块，使用前应进行校正。

测试方法：受测者分组测，每组不得少于 2 人，用站立式起跑。当听到口令或哨音后开始起跑。当受测者到达终点时停表，终点记录员负责登记每人成绩，登记成绩以分、秒为单位，不计小数。

（三）纵跳摸高

场地要求：通常在室内场地测试。如选择室外场地测试，需要在天气状况许可的情况下进行测试，当天平均气温应在 15～35 摄氏度之间，无太阳直射、风力不超过 3 级。

测试方法：准备测试阶段，受测者双脚自然分开，呈站立姿势。接到指令后，受测者屈腿半蹲，双臂尽力后摆，然后向前上方快速摆臂，双腿同时发力，尽力垂直向上起跳，同时单手举起触摸固定的高度线或者自动摸高器的测试条，触摸到高度线或者测试条的视为合格。测试不超过三次。

注意事项：①起跳时，受测者双腿不能移动或有垫步动作；②受测者指甲不得超过指尖 0.3 厘米；③受测者徒手触摸，不得戴手套等其他物品；④受测者统一采用赤脚（可穿袜子）起跳，起跳处铺垫不超过 2 厘米的硬质无弹性垫子。

三、新、旧标准变化

对比旧标准，新标准有三大变化：

（一）年龄分界线提升

新标准中年龄改为以 30 岁为分界，原分界线男女组皆为 25 岁。

（二）10 米 ×4 往返跑标准降低

新标准中对男子组 10 米 ×4 往返跑，30 岁以下的标准等同于原 25 岁以上的标准，均为 ≤13″1，另增加了 30 岁以上的标准：≤13″4。对女子组 10 米 ×4 往返跑，30 岁以下的标准等同于原 25 岁以上的标准，均为 ≤14″1，另增加了 30 岁以上的标准：≤14″4。

（三）取消、合并项目

新标准中最大的亮点是男子组取消了原采用的立定跳远和引体向上两个项目；女子组取消了原采用的立定跳远和仰卧起坐两个项目，两组统一改设为纵跳摸高一个项目。无论考生身高多少，要求男子组一律为 ≥265 厘米，女子组一律为 ≥230 厘米。

项目六　项目锻炼方法

从新标准可以看出，标准要求与普通中学生体育达标成绩相当，对于部分自认体

能素质较差的考生，只要经过考前一段时间的努力锻炼也一定能够顺利通过体能测试。

一、10 米 ×4 往返跑

10 米 ×4 往返跑通过率相对较高，但仍让不少考生落马，想要提高 10 米 ×4 往返跑测试成绩，应注意哪些方面呢？

1. 掌握正确的技术动作要领。

（1）起跑时屈身，两腿前后分开，要弯曲。

（2）途中跑成直线，要平稳，后蹬速度要快。

（3）近底线 3 米 ~ 5 米时，身体要快速下蹲，降重心成扑步，脚尖内扣减速急停，上体开始转向。

（4）侧身换木块手法要准确迅速，转身要灵活，重心要稳。

（5）转身回头后用前脚掌着地，马上加速，最后用肩胸撞线冲刺来抢时间。

2. 掌握必要的技巧和方法。

（1）采用站立式起跑。往返跑距离短，宜采用站立式起跑，这对迅速转身有利。

（2）采取单手换木块。单手换放木块的转身只有 90 度，而且有利转身后的迅速起跑。而两手并用放木块和拿木块，多了 180 度转身的时间，影响转身后的加速。

3. 进行有针对性的专项训练。

（1）可以采取跳绳、跳台阶、负重起蹲、负重提踵等训练方法提高腿部的爆发力，提高加速跑的能力。

（2）练习尽可能快地对突然出现的信号或突然改变的信号做出应答反应。如根据特定信号改变动作方向，反复完成突然加速和突然减速急停。通过对信号反应的练习，可以提高反应能力和身体的协调动作。

二、男子 1000 米跑、女子 800 米跑

男子 1000 米跑、女子 800 米跑属于中长跑，完整技术包括起跑和起跑后的加速跑、途中跑、终点跑。那应该如何进行有效的训练呢？

1. 掌握正确的技术动作要领。

（1）上体姿势和摆臂动作。上体保持稍前倾或正直的姿势。头自然地和身体保持直线，微收腹，送髋，面和颈肌肉放松。两臂的摆动还起着调节步长和步频的作用，要想两腿交换快，两臂就得摆动快；摆动时，以肩关节为轴，用肘发力做前后自然摆动。摆臂一定要放松。跑步的过程中要减少身体左右晃动，避免不必要的能量浪费。

（2）脚部动作。脚着地前，摆动腿大腿积极下压，小腿顺势自然前摆，并同时后摆做"扒地"动作着地。着地应用脚跟，然后过渡到全脚掌滚动式着地。脚跟着地后，应迅速屈踝、屈膝和屈髋完成缓冲动作，随后充分蹬直。

（3）呼吸。要保证呼吸节奏，采用三步一吸、三步一呼的形式，要用鼻孔吸气嘴巴呼气，要以吸气为主进行气体交换，每一个呼吸周期必须充分地呼气才能保证所需吸气量。

（4）弯道跑技术。弯道跑是做圆周运动，跑的途中会受离心力的影响，运动员要将整个身体自然协调地向左倾斜。弯道跑的上肢动作主要集中在摆臂上，右臂向前摆动时，右手的位置应向左接近身体中线，有时可以适当过中线一点；向后摆动时右肘可以向右斜后方摆出，但动作不要摆得过高过大，以免影响重心向前。左臂摆动得要比右臂小些，向后摆动时肘部要紧贴于躯干部并适当地摆动快些。这样摆臂有助于身体向前的协调速度，两臂的肩部在摆动时要自然地放松，左肩略低于右肩。

（5）"极点"的处理。中长跑时，由于氧气的供应落后于身体的需要，跑到一定距离时，会出现胸部发闷，呼吸节奏被破坏，呼吸困难，四肢无力和难以再跑下去的感受。这种现象称之为"极点"，这是中长跑中的正常现象。当"极点"出现后，要以顽强的意志继续跑下去，同时加强呼吸，调整步频、步幅。经过一段距离后，呼吸会变得均匀，动作会稍微轻松，一切不适的感觉都会逐渐消失。

2. 掌握必要的技巧和方法。

（1）起跑后要力争抢占有利位置。鸣枪后立即跑出，应向第一道跑道内侧方向跑去，这样一个弯道会少跑 3 米多。

（2）合理调整好跑的节奏。一般是跑两三步一呼气、跑两三步一吸气，随着跑速的加快和疲劳的出现，呼吸的频率也增加，可以采用跑一步一呼气、跑一步一吸气的方法。而且要着重呼气，只有充分呼出二氧化碳才能充分吸进氧气。呼吸一般用鼻子与半张开的嘴同时进行。

（3）"极点"的处理。极点是 800 米、1000 米跑的一种正常生理现象，它的反应程度与训练水平高低、运动强度大小、准备活动是否充分等有密切关系。准备活动充分，能缓和"极点"的反应程度。当"极点"产生时，一定要以顽强的毅力坚持跑下去。要加强呼吸的深度，适当调整跑速，这样"极点"现象就会缓和，"第二次呼吸"也就出现了。

（4）采用领跑法、跟随法还是变速法。

领跑法：如果在这一组你感到自己实力最强，那么你就用"领跑法"。

跟随法：如果觉得自己水平一般，你可以用"跟随法"，跟随跑时要用自己习惯的步长，这样可以放松省体力。

变速法：如果你平时训练水平较高，那么你就可以根据自己的速度感和节奏感，采用"变速跑"跑进。

（5）顶风时最好跑在第二、三位。处于非领头位置可以减少、降低风力对跑进速度的影响。

（6）合理分配体力。第一圈 400 米不宜太快，到跑完 600 米后，感觉体力不错的，就应提前一点发出最后冲刺。

（7）抢道与跑进路线。不要在弯道上抢道超对手，否则会多跑一段距离，在跑完弯道进入直道时超越对手才有利。进入弯道后，尽量沿第一道内侧跑进。

（8）考前 30 分钟喝一些高浓度的葡萄糖水（葡萄糖是单糖，可被迅速消化吸收，直接作用于肌肉）。

3. 进行有针对性的专项训练。

（1）速度专项训练。速度训练一般包括各种短距离跑，30 米的起跑加速，50 米起跑加速，80 米的起跑加速，100 米的起跑加速，120 米的起跑加速。30 米跑 10 次，50 米跑 8 次，80 米跑 5 次，100 米 3 次，120 米全力跑 3 次，交错训练，刺激运动者的神经；变速跑；从上坡快速向下跑。每周一般要有两次，训练间隔不得少于两天；必须与力量训练叉开。

（2）力量专项训练。要多做杠铃负重（训练肺活量）和上山跑、深蹲跳（锻炼腿部力量）。进行上山跑训练时，山地不必很陡，这样既能锻炼到腿的后蹬力量，又不至使肌肉过分紧张，有利于加强大腿的力量和跟腱的拉伸。第一周跑一次，第二周跑两次。在参加测试的前 8~10 周，把上山跑有效地融入每周的大强度训练之中。

（3）耐力专项训练。首先制订一个耐力训练计划，每天按照自己制订的计划进行训练。提高 800 米最快的方法是跑 1000 米或 1500 米。

（4）途中跑训练。途中跑是中长跑最长的距离，要结合耐力保持自身的节奏。采用阶梯式训练方法，采用 100 米速度的 60%~80% 进行训练，从 1200 米开始，每跑一次减少 100 米，直到减到 300 米，这种训练方式重点是要保持呼吸节奏。

4. 一个星期的训练方案。

（1）第一天恢复性适应训练。

运动量：男 1600 米；女 1200 米。

先做好热身运动。

①200 米 * 1。成绩要求是男生 40 秒完成，女生 50 秒完成（可根据个人情况增加 5 秒），休息 5 分钟。

②400 米 * 1。成绩要求是男生 1 分 25 秒完成，女生 1 分 45 秒完成（根据个人情况可以增加不多于 15 秒），休息 5 分钟。

③800 米变速跑（女生是 400 米变速跑）。要求直线快，弯道慢，每个直线的速度（100 米）要求 20 秒（女生 25 秒）完成（可根据情况增加 3 秒），弯道为调整路段（100 米），主要体会弯道跑的技巧。每个弯道在 40 秒内完成即可（女生 45 秒），休息 7 分钟。

④200 米。成绩要求是男生 45 秒完成，女生 55 秒完成（可根据个人情况增加 5 秒）。放松运动，慢跑或者走两圈，主要调整呼吸深度，避免第二天过于酸痛。

（2）第二天适应训练（调整期）。

运动量：男 1200 米；女 800 米。

先做好热身运动。

①200 米 ＊1。成绩要求是男生 40 秒完成，女生 50 秒完成（可根据个人情况增加 5 秒），休息 5 分钟。

②400 米变速跑。要求直线快，弯道慢。每个直线的速度（100 米）要求 20 秒完成（可根据情况增加 5 秒），弯道为调整路段（100 米），每个弯道在 40 秒内完成即可，休息 10 分钟（女生可以不用）。

③400 米匀速跑 +200 米慢跑。前 400 米成绩男生要求 1 分 30 秒完成，女生要求 1 分 50 秒完成（根据个人情况可以增加不多于 15 秒），后 200 米要求男生 60 秒完成，女生 70 秒完成（可根据个人情况增加 5 秒）。

（3）第三天有氧能力训练。

运动量：男 1700 米；女 1300 米。

先做好热身运动。

①100 米 ＊1。成绩要求是男生 20 秒完成，女生 25 秒完成（可根据个人情况增加 5 秒），休息 5 分钟。

②400 米变速跑。要求直线快，弯道慢。每个直线的速度（100 米）要求 20 秒完成（女生 25 秒）（可根据情况增加 5 秒）；弯道为调整路段（100 米），每个弯道在 40 秒内完成即可（女生 45 秒），休息 10 分钟。

③400 米匀速跑 +400 米变速跑 +400 米（女的不用）。匀速跑前 400 米成绩男生要求是 1 分 30 秒完成，女生要求 1 分 50 秒完成（根据个人情况可以增加不多于 15 秒），400 米变速跑的要求和第 2 条一样，时间每 100 米增加 3 秒，最后 400 米要求男生 1 分 50 秒完成，如果达不到，也要求坚持完成全程。

最后做放松运动。

（4）第四天休息。

运动量：无要求。

到运动场慢跑一下就可以了，速度比走路快一点点，属于恢复性训练。

（5）第五天提高训练。

运动量：男 2000 米；女 1600 米。

①400 米 ＊1。成绩要求是男生 1 分 20 秒完成，女生 1 分 45 秒完成（可根据个人情况增加不多于 10 秒），休息 5 分钟。

②800 米 +400 米变速跑。前 800 米男生要求 4 分钟内完成，女生 4 分 30 秒内完成；后面 400 米变速跑，要求直线快，弯道慢。每个直线的速度（100 米）要求 22 秒完成（女生 25 秒）（可根据情况增加 5 秒）；弯道为调整路段（100 米），每个弯道在 40 秒内完成即可（女生 45 秒），休息 10 分钟。

③400 米匀速跑。要求尽力完成，时间不超过 1 分 50 秒。

最后做放松运动。

（6）第六天测试训练。

①变速跑 400 米，要求同上。

②慢跑 400 米，休息 10 分钟。

③测试成绩 1000 米（800 米），掌握跑步的战术（最好每 200 米就有人提醒你时间，提醒你所用的时间和你的目标时间有多少差距，然后提醒你要加快速度）。

（7）第七天休息。可以做适当的慢跑运动。

（三）纵跳摸高

新增设的纵跳摸高项目，男子组要求达标成绩为 265 厘米以上，女子组要求达标成绩为 230 厘米以上。那应该如何进行锻炼，以期快速提高纵跳摸高成绩呢？

1. 掌握正确的技术动作要领。

（1）起跳前双脚自然开立，与肩同宽，前脚掌稍内扣。

（2）做动作之前，先深呼吸几次，双臂打开自然举高，然后身体向后仰，并充分地将身体打开，开始做预摆动作。

（3）随着上肢充分有节奏地摆动，身体的重心、腿部、腰、腹、背部的肌肉群的协调收缩与舒张都成熟后，再瞬间发力，整个发力过程快而有序，特别要强调前脚掌离地前的瞬间蹬地动作。

（4）在身体的上升过程中，要充分地利用腰腹肌，让手臂在空中尽力伸展，以求再高，达到最高点时，用手中指触标尺的最高点。

（5）落地时前脚掌先着地，并顺势屈腿，做好缓冲动作。

2. 进行有针对性的专项训练。

（1）提高身体各部位的协调性和柔韧性。每天坚持拉伸自己全身各部位的肌腱、韧带，扩大关节的活动范围。

（2）蹲跳起。这是发展腿部肌肉力量和踝关节力量的练习。

动作方法：双脚左右开立，脚尖平行，屈膝向下深蹲或半蹲，两臂自然后摆。然后两腿迅速蹬伸，使髋、膝、踝三个关节充分伸直，同时两臂迅速有力地向前上摆，最后用脚尖蹬离地面向上跳起，落地时用前脚掌着地屈膝缓冲，接着再跳起。每次练习 15～20 次，重复 3～4 组。

（3）单脚交换跳。这是发展小腿、脚掌和踝关节力量的练习。

动作方法：上体正直，膝部伸直，两脚交替向上跳起。跳时主要用踝关节的力量，用前脚掌快速蹬地跳起，离地时脚面绷直，脚尖向下。原地跳时，可规定跳的时间（30 秒～1 分钟）或跳的次数（30～60 次）。行进间跳时，可规定跳的距离（20 米～30 米）。以上练习重复 2～3 组。

（4）踮跳步。踮跳步主要用来发展腿部后群肌肉和踝关节的力量，训练身体的协调性。

动作方法：用右（左）腿直膝向前上方跳起，同时左（右）腿屈膝向上举，右腿落地，然后换腿，用同样方法跳，两臂配合腿前后大幅度摆动。跳时踝关节和前脚掌要用力，整个动作轻快。它与舞蹈的"踮跳步"动作类似。每次练习10次左右，重复3~4组。

（5）纵跳摸高。这是发展腿部肌肉和踝关节力量经常采用的一种练习方法。

动作方法：两脚自然开立成半蹲预备姿势，一臂或两臂向上伸直，接着两腿用力蹬伸向上跳起，用单手或双手摸高。每次练习10次左右，重复3~4组。

（6）蛙跳。这是发展大腿肌肉和髋关节力量的练习。

动作方法：两脚分开成半蹲，上体稍前倾，两臂在体后成预备姿势。两腿用力蹬伸，充分伸直髋、膝、踝三个关节，同时两臂迅速前摆，身体向前上方跳起，然后用全脚掌落地屈膝缓冲，两臂摆成预备姿势。连续进行5~7次，重复3~4组。

（7）障碍跳。主要发展腿部肌肉和踝关节爆发力。

动作方法：地上放小海绵垫6~10块，每块距离1米左右。练习者站在垫后，两脚左右开立，脚尖平行，屈膝向下，两臂自然后摆，用脚掌力量向前上方跳过障碍，两臂配合向前上方摆动，落地时屈膝缓冲，落地后迅速做下次跳跃。重复5~6组。

（8）跳台阶。主要发展腿部力量和踝关节力量。

动作方法：两手背在身后，两脚平行开立，屈膝半蹲，用前脚掌力量做连续跳台阶动作。一次可跳20~30个台阶，重复3~4组。

 课后思考

1. 400米障碍训练通过的顺序是什么？

2. 进行五公里武装越野训练，需要注意的事项是什么？

3. 攀爬类训练项目包括哪些内容？

◇ **基本体能训练的医务指导**

1. 训练前首先要进行身体机能和医务检查，对身体机能较差、不适合参加训练的学员和生病的学员安排见习和休息。

2. 训练前，根据训练内容特点，讲解可能受伤的项目和技术动作，以及正确进行训练、避免受伤的方法，让学员训练时做到心中有数，减少训练损伤。

3. 训练前，准备活动要做充分，身体要充分预热。

4. 制订训练计划要循序渐进，从小负荷、小运动量开始，逐步提高，避免开始使用大运动量、大强度训练，使学员身体受伤。

5. 进行障碍训练、攀爬类训练项目时，要安排专人进行保护。攀爬类训练项目时要准备专门的安全吊索，系于学员腰间；通过障碍训练的每一个障碍物的技术难点处，都须安排专门的保护人员。

6. 进行武装越野时，全程的各个路口和转向的地方，均要安排保护和指引人员。

7. 专项体能训练，须安排专门的医务人员到场，以便现场处理意外受伤学员。

单 元 五

综 合 体 能 训 练

 教学重点

1. 定向越野的价值。

2. 定向越野的技能。

3. 定向越野的训练。

项目一 定向越野概述

一、定向运动的概念

定向运动是学员在规定的范围内，借助指定的器材，按规定的顺序独立寻找若干个地面检查点，用最短时间完成全赛程的运动，包括定向越野、无线电定向越野等。

二、定向越野的概念

定向越野是定向运动的主要比赛项目之一。学员借助标绘有若干个比赛规定检查点和方向线的地图及指北针，独立选择行进路线，依次寻找各个地面检查点，用最短时间完成全赛程的运动。

三、定向越野的分类

定向越野按运动方式可分为两大类，即徒步定向越野和代步定向越野。

（一）徒步定向越野

按竞赛时间有白天定向、夜间定向、多日定向；按组织形式和记分方式有个人定向、团体定向、接力定向、积分定向；按比赛场地有公园定向、校园定向、城市定向、山地定向、森林定向、水上定向。

（二）代步定向越野

包括滑雪定向、山地自行车定向、残疾人轮椅定向、划船定向、摩托车定向、骑马定向等。

四、定向运动历史

定向运动起源于北欧的瑞典，"定向"一词在 1886 年首次使用，意思是在地图和指南针的帮助下，穿越不为人知的地带。第一届正式定向比赛于 1895 年在瑞典和挪威联合王国的军营中举行，标志着定向运动作为一个体育项目诞生了。20 世纪初定向运动在北欧得到迅速发展，并很快普及世界各地。1932 年举行了第一届世界定向锦标赛，1961 年国际定向联合会（IFO）在丹麦首都哥本哈根成立。现在国际定向联合会已有 60 多个成员国，国际定联是世界定向运动的行政实体，同时也是国际体育联合会的成员之一。

五、定向运动重大国际赛事

世界定向锦标赛（WOC）：是世界上最具竞争力的定向赛事。

世界青少年定向锦标赛（WJOC）：参赛选手主要是 17~20 岁的青少年，每年 6 月在欧洲举行。

世界大师定向锦标赛（WMOC）：所有 35 岁以上选手可以参加，每年在世界各地不同国家举行一次。

世界公园定向锦标赛（PWT）：是一个全新的极富吸引力的成功的定向概念，正在传遍全球，只有世界各国最优秀的运动员通过资格赛入选前 50 名才有资格参赛，设总奖金和排名。

六、中国的定向运动

我国开展定向运动最早的是香港地区。1979 年 3 月香港成立了"香港野外定向会"；1982 年成立了"香港野外定向总会"，该会规定每年的 12 月都要举行"香港野外定向锦标大赛"。

1983 年定向运动传入内地。1983 年 3 月，中国人民解放军体育学院在广州白云山组织了"定向越野试验比赛"。7 月，北京市测绘学会利用青少年夏令营机会在密云举行了一次有 100 多名中小学生参赛的定向越野比赛。自此，全国很多地区都组织了类似的比赛。1986 年元旦中国人民解放军长沙地区军队院校协作区在广州组织了"首届定向越野比赛"。同年 1 月 7 日，深圳体委与"香港野外定向会"联合在深圳夏岗地区组织了"深圳国际野外定向 86 友谊赛"，有亚、欧、拉、美、大洋洲等近 20 个国家和地区派代表队参加。1995 年首届高校国防体育节在吉林举行，参加体育节定向越野比赛的高校达60多所，有400多名运动员参加了比赛。定向越野运动在全国高校大学生中广泛开展。在全国高校两年一届的"国防体育节"中，定向越野已成为主要比赛项目之一。

项目二　定向越野的作用和价值

一、定向越野的综合锻炼价值

定向越野对人体最突出、最直接的影响就是获得强身健体、增强体质的效果。

定向越野是在野外进行的，清新的空气、优美的环境、茂盛的森林、崎岖的道路、复杂的地形给人带来新鲜感和神秘感，这种感觉会强烈地刺激人的大脑，从而提高大脑皮层的兴奋性，更有效地调动人体各器官系统（包括运动系统、心血管系统、呼吸系统以及内分泌系统等）的潜能。由于人体对于这种刺激的适应性规律，就能不断地提高人体各方面机能。

与单一的跑、跳运动不同，定向越野综合了各种运动形式。要达到目的，你必须使用走、跑、跳跃、越过障碍等多种行进方式，这就使身体得到了全面的、充分的锻炼，久而久之，身体各项素质，诸如速度、力量、耐力、柔韧、灵敏等，不断强化，使综合身体素质得到提高。

二、定向越野的益智价值

定向越野不仅可以增强体质，也是一种智力活动，有积极的益智价值。

定向越野常常是在未知或陌生的地点（区域）进行的。陌生的环境和完成全部赛程是一对较难解决的矛盾。要参加定向运动的活动和比赛，你首先要阅读地图，读懂地形图上所标出的多种地形、地貌、地物及点标（检查点）的位置，并借助指北针辨别和精确判定方向，合理选择到达点标的最佳路线，还必须按顺序将隐蔽的点标逐个找到，这就需具备必要的知识和技能。

在定向越野的活动和比赛中，如果你的知识和技能掌握得好，分析、判断、应变能力强，你就能成为活动和比赛的胜出者。相反，如果你在知识和技能方面存在薄弱环节，或者你在分析、判断、应变方面显得迟缓或出现错误，你就会遇到麻烦，甚至无功而返，导致失败。

通过定向越野的学习、训练和比赛，人们可以增长相关学科，如地理学、测绘学、军事地形学、植物学等的基本知识，提高在实践中应用这些知识的能力，学会在运动中使用指北针的知识技能，发展你的思维能力和快速应变能力。

三、定向越野的德育价值

进行定向越野训练，可以培养学员的坚强意志，培养其团结协作、竞争进取、持之以恒、坚韧不拔等优秀品质，具有很高的德育价值。

任何比赛，都必须有严格的规程和规则，这对每一个人都是公平的。参加定向比赛时，参加者判定的方向和选择的行进路线以及对每一个点标的寻找，都来不得半点的虚假和丝毫的投机取巧，成功与失败之间可谓泾渭分明。那么，只有发扬坚定、细致、诚实等品质才能完成任务并夺取胜利。当遇到困难，有时甚至是十分艰难的情况时，就要以十倍的信心和百倍的勇气去想办法克服。当体力不支感到难以支撑下去时，所能选择的难一出路是咬紧牙关，坚定信念，不断地鼓励自己，使出全身的力量，不断地拼搏，用不达到目的决不罢休的精神，坚持，坚持，再坚持，达到胜利的彼岸。发扬团队精神和集体力量，尊重同伴、相互鼓励、支持和帮助，团结协同作战，同样是不可缺少的精神。除此之外，定向越野还能培养在新的、陌生的环境下的竞争意识和适应能力，培养对新事物的兴趣，对事业的进取心，坚韧不拔的毅力，决不放弃、永不言败的精神。

四、定向越野的警务价值

定向越野训练是一项常用的警察综合体能的训练，除了可以较全面地锻炼学员的身体素质和意志品质外，在开发智力、培养细致观察的习惯、正确的逻辑推理习惯等方面也有积极的作用，对于今后从警后执行追踪、抓捕犯罪分子任务，可以提供有益的脑力和体力上的帮助。

五、定向越野的军事价值

定向越野运动具有一定的军事意义。它对于丰富地理、地图知识，掌握识图和用图的本领，加强国防建设大有好处，尤其对培养青少年的自我生存能力、启发智力有独到益处，是一项具有军事意义的探险体育项目。

项目三　定向越野的保障条件

一、定向越野运动地图

定向越野运动地图（简称定向图）是开展定向越野运动最基本的资料，也是学员在参加定向训练、比赛中进行定向和寻找检查点的基本依据。定向图属于专用地形图，规模较大的定向赛必须采用专用比赛图，而一般规模较小且非正式的比赛可用代用图，平时定向训练还可以使用简单的素图（单色地形图）。竞赛用地形图是以国际定联公布的《国际定向运动地图制图规范》为依据进行修测、绘制、印刷的。（图5-3-1、图5-3-2）

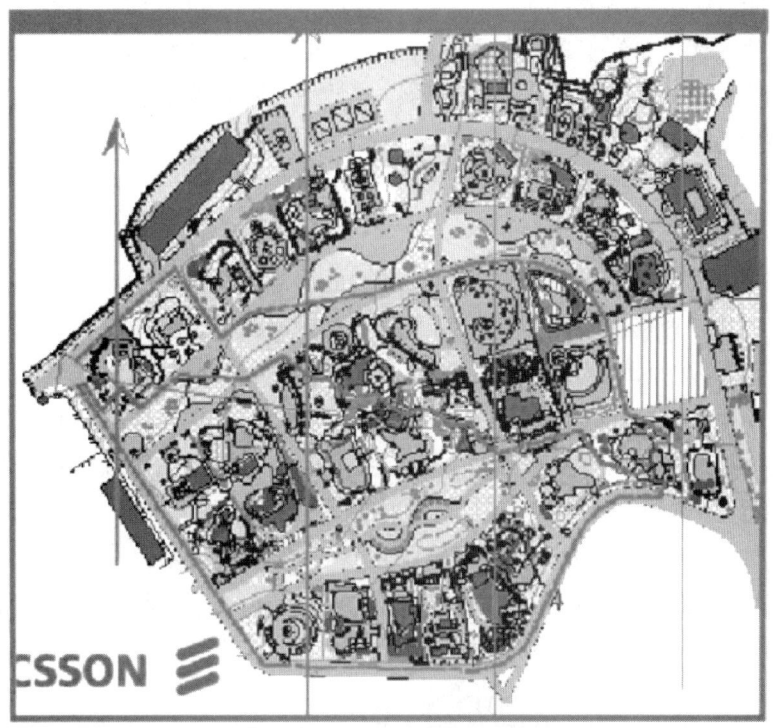

图 5 – 3 – 1　定向越野运动地图

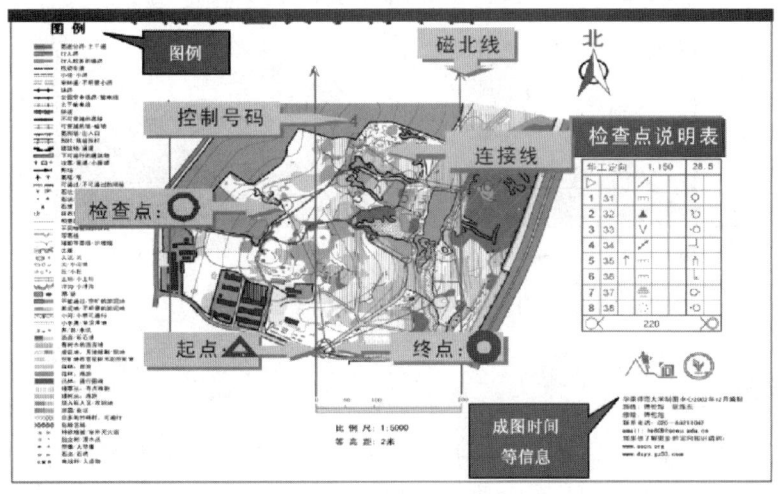

图 5 – 3 – 2　定向越野运动地图

二、定向指北针

定向指北针的作用是为学员指示方位和标定地图。它与定向图配合能起到辨别和保持运动方向、确定检查点位置的作用。定向越野比赛中一般使用定向指北针；对于小型比赛或平时定向训练，可使用军用指北针或简易指北针。定向指北针的特点：一是采用全透明有机玻璃制成，使用方便，可以透过指北针看清地图内容，有的还配有直尺刻度、放大镜等，便于学员测算距离；二是指针的灵敏度和稳定性较好，指针周围充有阻尼液体，非常适合在运动中使用；三是配有携带绳或紧固带，能很方便地系在手腕或手指上。

三、检查点标志

检查点标志（简称点标）是设在检查点上的标志旗，它是学员寻找和辨别检查点的依据。国际定联对点标的尺寸、颜色等有明确规定：①点标由三面标志旗连接成三棱体，每面标志旗的尺寸为30厘米×30厘米，沿正方形的对角线分开，左上部为白色，右下部为橙红色。夜间定向检查点应有光源。②检查点标志应悬挂在图上标明的地点，一般距地面80厘米~100厘米。实际位置应与检查点说明表一致。③检查点标志应有一代号，代号用一个拼音字母或两位数字表示，数字从31开始选用。字母或数字为黑色，字高6厘米~10厘米，笔画粗6毫米~10毫米。④检查点标志的设置应使学员在寻找时具有一定的难度，但无需隐藏。⑤每个检查点备有打印器，各个打印器的图案不得重复。（图5-3-3）

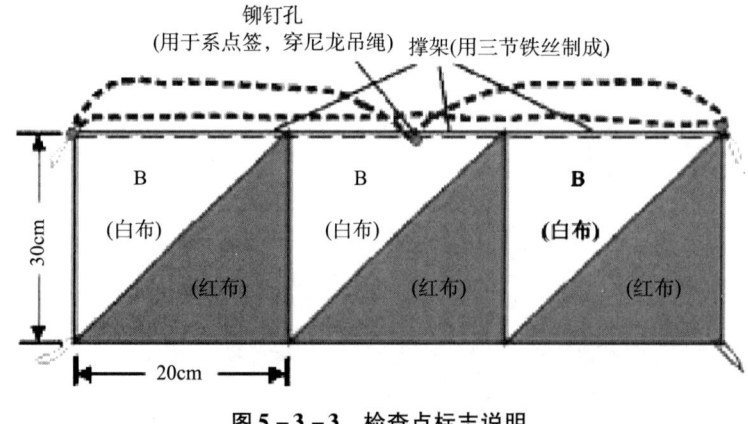

图5-3-3 检查点标志说明

四、点签

点签也叫打卡器，是给学员卡片打印记的工具，每个检查点都必须有点签与点标相互配合，不同的检查点所打印记是不一样的，常见的有钳式、印章式和电子打卡系统。电子打卡系统是一种先进的点签，它由学员手持的电子卡（指卡）、检查点上的电子卡座和终端的电脑检查系统、打印机组成，使用时学员到达检查点后将系在手上的指卡对准检查点卡座的正面方向或卡座孔一按就完成打点（注意检查点卡座上的声光提示）。学员一到达终点，终端电脑检查系统便能及时将各点之间的用时情况和成绩打印出来。（图5-3-4、图5-3-5）

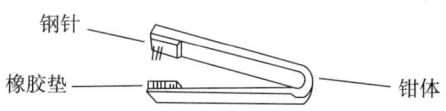

图 5 - 3 - 4　钳式打卡系统

 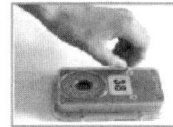  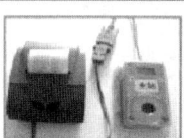

卡座和指卡　　　用起动棒启动　　　　打卡　　　主机和热敏打印机

图 5 - 3 - 5　电子打卡系统

五、检查卡片

检查卡片是学员用来打印检查点标记的纸制卡片，是学员表明其通过检查点的依据，也是判定成绩的依据。卡片分为主卡和存根。主卡由学员携带，存根由起点裁判掌握。卡片尺寸一般为 20 厘米 ×10 厘米，另有姓名、组别、出发时间及打卡空格等。检查卡片在定向比赛中一般提前发给学员，比赛中学员到达检查点在对应的空格内打卡，到达终点应迅速交给裁判员验卡。采用电子打卡系统的比赛中学员携带电子打卡器（指卡）的使用方法见"点签"中有关内容。（图 5 - 3 - 6）

 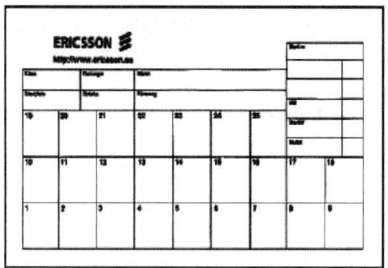

图 5 - 3 - 6　检查卡片

六、其他器材和设备

定向比赛中除上述器材外，还必须准备其他器材，如学员号码布起点与终点设备及途中用品等。起点、终点和途中设备、用品一般有：出发点、终点横幅，时间显示器，发音器，图箱，通道绳，计时器，扩音器，成绩公布栏，急救药品，桌椅等。使用电子打卡器的，还必须有手提电脑、打印机等。

项目四　定向越野技能

一、定向越野的技术

定向越野的技术可概括为四个方面：一是在野外能迅速辨别方向；二是能熟练使用地图和指北针；三是善于进行长距离越野跑；四是能够果断、细心、迅速地选择最佳的行进路线。

（一）野外辨别方向

1. 利用地物辨别方向。

（1）房屋：房屋一般门朝南开，在我国北方尤其如此。

（2）庙宇：庙宇通常也南向设门，尤其是庙宇群中的主要殿堂。

（3）树木：树木通常朝南的一侧枝叶茂盛，色泽鲜艳，树皮光滑，向北的一侧则相反；同时，朝北一侧的树干上可能生有青苔。

（4）凸出地物：例如墙、地埂、石块等，其向北一侧的基部较潮湿，并可能生长苔类植物。

（5）凹入地物：例如河流、水塘、坑等，其向北一侧的边缘（岸、边）的情况与凸出地物相同。

2. 利用太阳与时表判定方向。上午9时至下午4时之间如果按下面这句话去做，就能较快地辨别出概略的方向："时数，折半对太阳，'12'指的是北方。"如在上午9时，应以4时30分的位置对向太阳；如在下午2时40分（即14时40分），则应以7时20分的位置对向太阳，此时"12"指的方向即为北方。

3. 利用指北针辨别方向。当指北针的磁针静止后，其N端（通常都有标志）所指的方向即为北方。利用指北针辨别方向十分简便快捷，但是需要注意：一是尽量保持指北针水平；二是不要距离铁、磁性物质太近；三是不要错将磁针的S端当做北方，造成180度的方向误判。

（二）熟练使用越野图和指北针

1. 定向越野运动与大比例尺地图。定向越野运动的特点要求必须使用大比例尺地图。如表 5 - 4 - 1 所示：

表 5 - 4 - 1　图上距离与实地比例表

图上距离	实地 1 : 5000	实地 1 : 10 000	实地 1 : 15 000	实地 1 : 20 000
0.5mm	2.5m	5m	7.5m	10m
1mm	5m	10m	15m	20m
2mm	10m	20m	30m	40m
10mm	50m	100m	150m	200m

2. 定向越野地图的注记。

（1）地名注记。在越野图上，地名的表示并不重要，除非对学员判定方向与确定站立点非常有用，地名（包括村镇、河流、高地等）一般不表示。

（2）高度注记。高度注记分为等高线注记（注在等高线上）、高程注记（地面高程注记绘有测注点"."，水面高程注记旁则不绘测注点）和比高注记三种。

（3）图外说明注记。越野图图外说明注记包括比例尺、等高距、图名、图例、出版单位、出版时间、成图方法、用图要求等。有时越野图上还会印有检查卡片、检查点说明表、赞助人广告等。

3. 定向越野图与指北针的使用。熟练掌握使用国际定向越野图与指北针的各种方法，在定向越野中具有特殊的重要意义。

（1）标定地图。标定地图就是为了使越野图的方位与现地的方向相一致。这是使用越野图的最重要的前提。有四种方法：一是概略标定；二是利用磁北线标定；三是利用直长地物标定；四是利用明显地物标定。

（2）对照地形（现地对照）。对照地形，就是要通过仔细的观察，使图上和现地的各种地物、地貌一一"对号入座"，即相互对应。对照地形在定向越野比赛中的作用主要有两个：一是在站立点尚未确定时，只有正确地对照地形，才能在图上找出正确的站立点位置；二是在站立点已经确定，需要变换行进方向时，只有通过对照地形，才能在现地找到已选定的最佳行进路线。

（3）确定站立点。确定站立点是定向越野的基本功，要求运动员随时明确站立点在图上的位置，特别是在起点、检查点上。确定站立点的方法：一是利用明显地形、地物直接确定；二是利用位置关系确定；三是利用"交会法"确定；四是用 90 度法确定（利用线状地形和明显地物确定站立点）。

（三）越野跑

1. 越野跑的特点。定向越野的越野跑实际上是一种长距离的间歇式赛跑（在途中常常需要停下来看图或定向）。这种在野外清新环境中的奔跑，可以使肌肉的紧张与放松、身体的负荷与精神的专注不断地交替进行。在这种情况下，所有参加者的全身，特别是呼吸与心血管系统都将得到较大的锻炼。

2. 越野跑的基本要求。定向越野的越野跑同其他长跑项目一样，要求一方面尽可能地减少人体能量的消耗，维持一定的跑速；另一方面又能根据比赛的情况，具有加速度的能力。因此，下述要求应使学员在训练阶段努力掌握，在比赛过程中始终注意：

（1）姿势。主要采用身体微向前倾或正直的姿势。要尽量使身体的各部分（头、躯干、臂、臀、腿、足）的动作协调配合，并且善于利用跑中产生的支撑反作用力与惯性不断前进，使身体保持平稳，提高跑的效果。

（2）呼吸。最好利用鼻子与半张开的嘴（用舌尖舔住上颚）共同呼吸。除了在跑中出现生理"极点"现象时可以变化呼吸的频率与深度（即用多呼气的方法提高气体的交换率）外，一般情况下应自然、有适当深度并有节奏地呼吸。

（3）体力分配。按选择的路段，或者按比赛的阶段（起点、途中、终点），或者以自身体能状况的不同确定。通过工作阶段（肌肉紧张）和休息阶段（肌肉放松）适时交替的方法，达到既跑得快，又跑得省力的目的。

（4）速度。一般来讲不宜过快。过快或在途中加速太猛不仅会影响体力的正常发挥，而且会严重地影响判断力。有人曾做过试验：同样难度的数学题，在奔跑中需要用比在静止时多几倍的时间才能算出来；如果再加速，需要的时间不仅会更长，错误也会更多。但对于一名有经验的学员来说，当地形有利（如参照物多、道路平坦等）时，则应尽可能快跑。

（5）节奏。试验材料表明，人感受的最适宜节奏是每分钟 70 次～90 次（即每步时值为 0.85 秒～0.67 秒），过快的节奏不易感受，过慢则会起抑制作用。有节奏的动作不仅能节省身体能量的消耗，而且能达到最适宜的动作协调。协调而富有节奏的动作，能给人以轻松自如的感觉和美的享受。

（6）距离感。在越野跑中保持一定的距离感是必要的，它不仅可以帮助提高找点的速度，也有利于体力的分配。

3. 越野跑的技术。越野跑时，由于跑的地点和环境在变化，跑的技术也要因条件的改变而变化。下面介绍的仅是在几种常见地形上的越野跑技术：

（1）在道路上时，采用基本上与中、长距离跑相同的技术，并尽量注意在路面平坦的地方奔跑。

（2）在草地上时，用全脚掌着地，同时留心向前下方看，以免陷入坑洼或碰在石头上。

（3）上坡时，上体应前倾，大腿高抬一些，并用前脚掌着地，小步跑上去。遇到较陡的斜坡，可改用走步的方法或用之字形跑法（走法），必要时可用单手或双手辅助攀登。

（4）下坡时，上体应稍后倾，并以全脚掌或脚跟着地的方法进行。遇到较陡的下坡或坡面很滑的斜坡，可用侧脚掌着地，甚至采用蹲状并用手在体后牵拉（草、树）、撑（地）的方式行进。到达下坡的末端（一般 8 米～10 米），便顺坡势疾跑至平地。

（5）从稍高的地方（1.5 米以下）往下跳时，可用跨步跳的动作，踏在高处的腿（支撑腿）必须弯曲，另一腿则向前下方伸出，跳下时两脚着地并以深屈膝来缓和冲击的力量。同时，在落地时，两脚应稍微前后分开，以便继续前跑。从很高的地方往下跳时，应设法降低下跳的高差，根据情况采用坐地双手撑跳下或侧身单手撑跳下的方法。落地时要注意两腿深屈。

（6）在树林中奔跑时，注意不要被树枝、树叶、藤蔓等刮伤，特别要防止被树枝戳伤眼睛。此时一般都用一手或两手随时护住脸部。

（7）遇到小的沟渠、壕坑，矮的灌木丛或倒伏树木时，要增加跑速，大步跨跳而过，在落地的同时，上体稍向前倾，以便保护腰部及便于继续前跑。在通过较宽的（2.5 米～4 米）的沟渠时，需用 15 米～25 米的加速跑，采用大跨步跳和跳远的方法越过。应注意做好落地动作，防止后倒。遇到大的倒伏树木、其他矮障碍物，可以用踏过它们的方法越过。遇到较高的障碍物（不超过 2 米），如矮围栏、土垣等，可用正面助跑蹲跳和一手或双手支撑的方法翻越。

（8）通过独木桥等狭窄悬空的障碍物时，应采取使脚面外转成"八"字的跑法。如果这类障碍物很长，就不应跑，而应平稳地走过。

（9）不同地形对运动速度有较大影响，其概略值见表 5－4－2。

表 5－4－2　不同地形对越野速度的影响（分钟/公里）

姿态＼地形	公路	空旷地	疏林	山地或树林
走	9	16	19	25
跑	6	8	10	14

4. 怎样选择越野路线。定向越野比赛中选择最佳路线的原则是省体力、省时间、最安全，便于发挥自己的技术、体能优势。定向越野比赛中的情况是复杂多变的，学员要根据实地地形灵活机动地选择行进路线。基本方法是：

（1）充分利用道路，坚持"有路不越野"的原则。比赛地图现势性强，道路标示较详细。利用道路有利于运动中图地对照，有利于运动中随时明确站立点的图上位置，不易迷失方向，同时还可省力节时。如图 5－4－1 所示，最佳的运动路线是：从出发点出发，先沿大车路向东到岔路口，然后向北沿小路到第 1 号检查点，而不应翻越山顶运动。但利用道路运动要考虑距离。

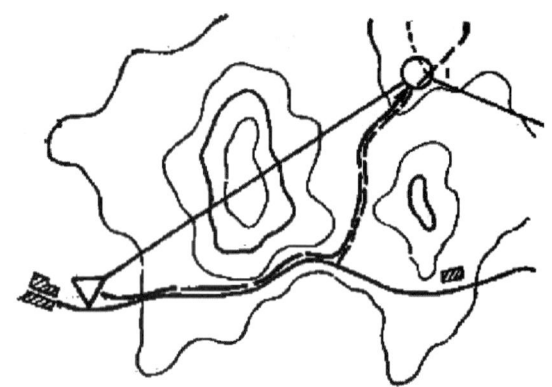

图 5 - 4 - 1　有路不越野

（2）在起伏不大、树林稀疏可跑的地段，坚持"选近不选远"的原则。如图 5 - 4 - 2 所示，虽然从第 1 号检查点到第 2 号检查点有路可选，但距离太远，因此不宜采用。两检查点之间，地形较平坦，树木不多，直接越野为最佳路线。

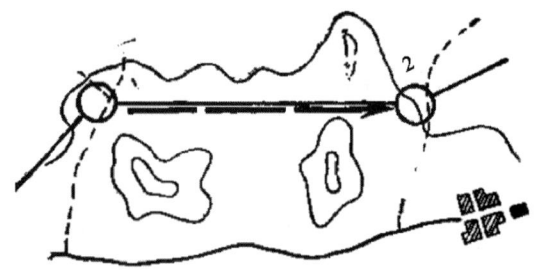

图 5 - 4 - 2　选近不选远

（3）起伏较大、树林密集、障碍大的地段，坚持"统观全局提前绕"的原则。如图 5 - 4 - 3 所示，从第 2 号检查点到第 3 号检查点，既无道路可利用，途中又有陡坎、大水塘以及难攀登的高地，因此在选择运动路线时，要分析整个地形，尽量避开这些不能通过的地段，提前做好绕行准备。

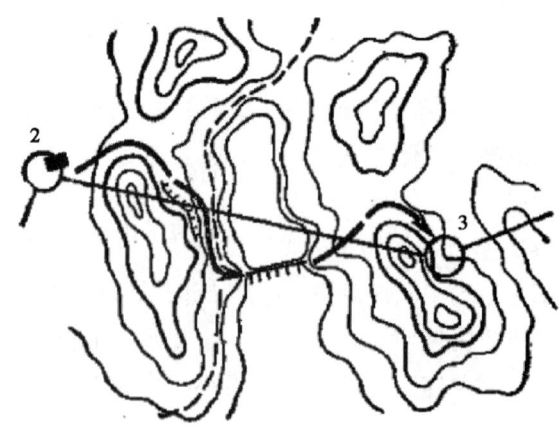

图 5 - 4 - 3　统观全局提前绕

（4）在山地比赛中遇山脊和山谷时，坚持"走高不走低"的原则。定向越野中，高处通视度好，易判定方位，越野难度一般也比山谷小，在这种地形上要考虑选择沿山脊线越野。如图5－4－4所示：

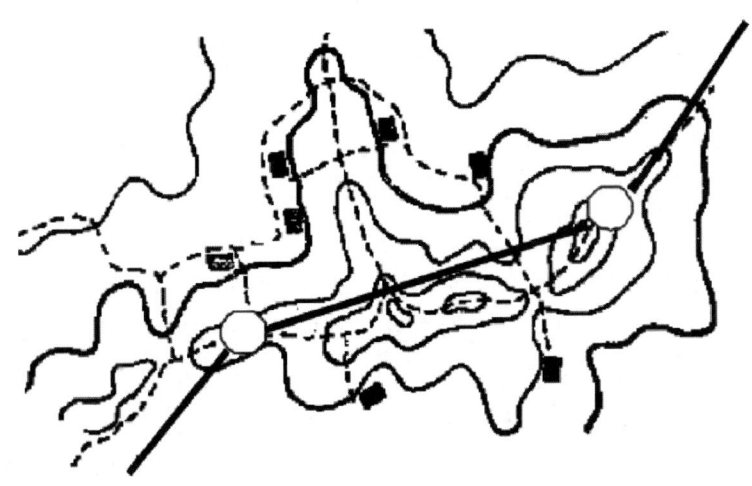

图5－4－4　走高不走低

二、定向越野的技能

（一）出发点动作

定向越野训练，学员在出发区领到越野地图后，很短时间（一般为2分钟）内就要出发。在有限时间内，需要做很多准备工作。

1. 浏览全图明走向。得到比赛地图后，一要浏览全图，根据标绘的比赛路线，弄清基本走向；二要明确出发点与终点的关系。若起点和终点设在一地或相距很近，应实地观察一下终点设置、终点与附近地形的相互关系，便于终点冲刺。

2. 图上分析选准线。根据图上标明的出发点和第1号检查点的位置，进行图上分析，选择最佳运动路线，选择路线既要坚持"有路不越野、走高不走低、选近不选远、统观全局提前绕"的基本原则（适用定向越野全过程），又要根据实地情况综合利用，灵活机动地选择行进路线。

3. 标定地图定好向。为准确、迅速起见，在出发区一般利用指北针标定地图。地图标定后，图上出发点与第1号检查点的延伸方向就是实地运动的方向。

4. 对照地形选准路。根据确定的运动方向，迅速进行地图与实地对照，依据实地的地形条件，在能通视的地段内，选择好具体运动路线，与此同时在通视地段的尽头适当位置选好辅助目标，并确定该目标在图上的位置。通过上述准备，力争做到：图上明，方向明，路线明。

（二）运动中的动作

越野运动中，学员水平不一，采用的方法也不尽相同，但都必须注意两个基本动作：一是随时标定地图。这里所说的"随时"，并不是指任何时候都要将地图的方位与实地方位一致，而是指只要看图，就能快速准确地保证地图方位与实地方位一致。为了节约时间，便于在奔跑中标定地图，最理想的方法是依明显地物地貌点标定。二是随时明确站立点在图上的位置。这里所说的"随时"，也不是随时都用眼睛盯在地图上，而是指奔跑中，任何时候心里都要明确自己在图上的位置，而且只要看图，就能准确地明确站立点的图上位置，即"人在实地走，心在图中移"。

1. 基本方法。

（1）分段运动法。这是初学者平时训练或参加比赛时最理想的运动方法。如图5-4-5所示，学员在第3号检查点上选择好运动路线后，通过对照地形，首先在能通视的地段，选择鞍部作为第一个辅助目标，在向鞍部运动前，由于通过对照地形，对鞍部的图上位置以及向鞍部运动的实地路线都已明确，因此，向鞍部运动的途中就不必对照地形了。当运动到鞍部后，再通过对照地形，选择山背西北侧独立房作为第二个辅助目标，同样向独立房运动。到达独立房后，继续选择小高地作为第三个辅助目标，直到找到第4号检查点。这种方法对于初学者来说，能正确把握运动方向，能随时明确站立点在图上的位置，能减少看图时间，提高运动速度。

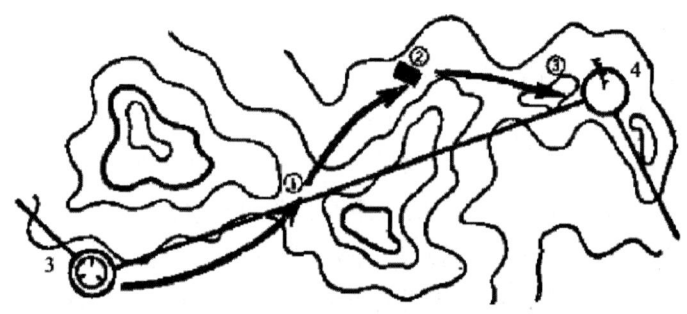

图5-4-5　分段运动法

（2）连续运动法。"分段运动法"为进行地形对照且选择辅助目标与运动路线，必须在检查点和各个辅助目标作短暂停留，不易提高运动速度，有一定基础的学员可以采用"连续运动法"。连续运动时，确定辅助目标要做的工作提前，即从第3号检查点出发，未到达第一个辅助目标（鞍部）之前，边跑边进行图上分析，分析下一段能通视地域内的地形，选择好下一个辅助目标（独立房）以及运动路线。到达鞍部后，如观察到的地形与到达之前从地图上分析的地形一致，即可不在鞍部停留而做连续运动，依此类推直到检查点。到达检查点之前，同样可以分析检查点之后的路线，到达检查点之后，只需"作记"即可迅速向下一个检查点运动。

（3）一次记忆运动法。技术全面、经验丰富的学员，为了取得更理想的比赛成绩，还可采用"一次记忆运动法"。这种方法是：在出发点，把在地图上选择的从出发点到第1号检查点的最佳运动路线，一次性记在脑子里，运动中按记忆的路线运动。到达第1号检查点之前，在地图上选择从第1号检查点到第2号检查点的最佳运动路线，又一次性记在脑子里，这样在检查点"作记"后，可立即离开检查点连续运动。

（4）依线运动法。"线"是指道路、沟渠、高压线、通信线等。如图5-4-6所示，从第4号检查点出发，先沿小径运动，看到高压线，向右，再沿高压线越野（地形条件允许时）运动，依线运动是用"线"控制运动方向。

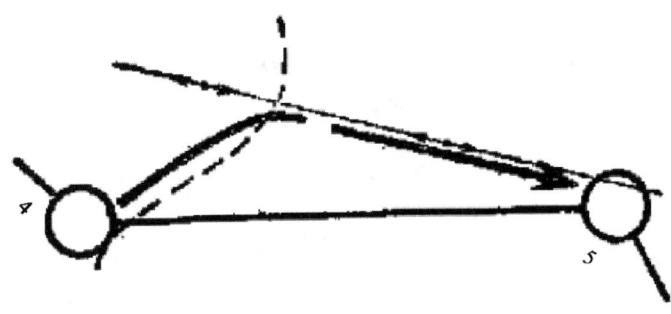

图5-4-6 依线运动法

（5）依点运动法。点是指明显的地物、地貌点。具体方法同"分段运动法"和"连续运动法"，即用"点"来控制运动方向。

（6）提前绕行法。这种方法是在检查点之间有大的障碍时采用，要结合检查点的位置，提前选择好最佳迂回运动路线，不要等抵近障碍再作折线绕行。如图5-4-7所示，从第5号检查点出发，由于受①号高地东侧陡崖的影响，不能取捷径接近小路，只能经该陡崖北端到鞍部；由于受②号高地西侧与南侧陡崖、③号高地南侧冲沟的影响，不能从鞍部取捷径向第6号检查点运动，只能沿小路到冲沟南端，然后取捷径向第6号检查点运动。

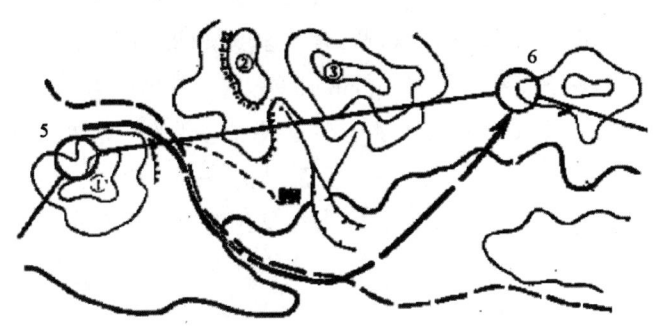

图5-4-7 提前绕行法

（7）指北针定向法。在起伏不大、无道路，有一定植被覆盖、观察不便的地域内，需要采用这种方法。运动时，首先在地图上测出站立点到检查点（或目标点）的磁方位角，量算出两点之间的实地距离并换算成复步数。出发时，平持指北针，旋转身体，使磁针北端和定向箭头重合，如图 5 - 4 - 8 所示，此时前进方向箭头所指的方向就是实际运动方向。

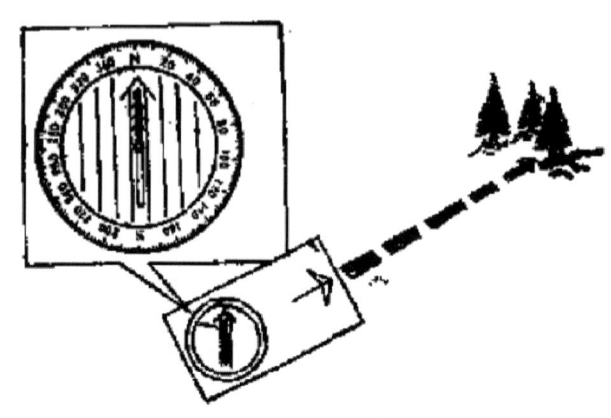

图 5 - 4 - 8 指北针定向法

2. 注意事项。除掌握基本动作与采用具体的运动方法外，还要注意以下问题：

（1）尽量按选择最佳的运动路线运动。比赛地图与实地地形基本相符，在地图上选择的最佳运动路线具有可靠性、可行性，一般均能保证按其实施运动，因此，不要随意改变预先选择的最佳运动路线。如果确认自己预先在地图上选择的最佳运动路线不当，应果断地修正偏差。平时训练时，由于使用的一般不是最新的地图，因而地图与实地有一定差异，运动前选择的最佳运动路线会出现不能通过的地段或遇到其他变化了的情况。一般地形变化的特点是地物变化大，地貌变化小。因此，遇到这种情况后要重点抓地貌对照，根据地貌形态调整运动路线。即使比赛时使用最新地图，也应把地貌对照放在首位。

（2）有路不越野。"有路不越野"既是图上选线的原则，也是实地运动的原则。假定有一荒丘（即无任何植被），比高 20m，直径 200m，运动方向线正好通过山顶。一是沿山脚绕行奔跑，距离为 314m，以正常奔跑速度每秒 5m 计算，需 63 秒完成；二是直线穿越荒丘，一上一下 204m，以同样的时间完成，则每秒需跑 3.24m。很显然，上坡和下坡，要以平均每秒 3.24m 的速度运动是很难达到的。如果斜坡稍有起伏或有荆棘，则困难更大。即使不是荒丘，而是一片面积相等的小树林，林中有不成片的杂草和灌木，这样的地形也不宜直线穿越。因为在穿越时，肯定要遇到树木、草丛、荆棘的阻挠而需要跨、钻、绕、攀，抬腿要高，着地要选，因此要达到每秒 3 米的速度同样也是很困难的。

从上述例子看，仅从缩短了距离看直线越野的好处是不全面的，确定一段路线直线穿越是否合算的基点是：既要缩短距离，又要保证速度，减少消耗，节约时间。还应指出的是，图上标明的道路是有限的，而实地还有许多图上没有标明的小径，若能合理地选用这些小径，将受益匪浅。（图5-4-9）

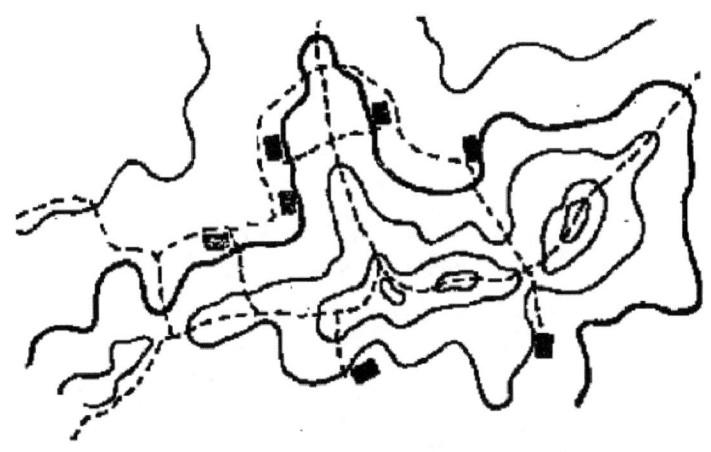

图5-4-9　实地小径的判断

实地小径通常判断：一般山脊上都有小径，而且主要是沿山脊线走向；明显的山背一般有小径通过，主要是沿分水线走向；个别平缓的山谷内也有小径，一般沿合水线走向；一般独立房之间都有小径相连；当两个独立房在山脊或长山背的两侧时，一般也有小径直接相连，或通过山脊、山背小径相连；即使单个独立房，也会因放牧与砍伐的需要，有小径上山，并与山脊、山背小径相连。

（3）宁慢少停。训练时，除了向终点做必要的冲刺外，途中应做类似长跑的匀慢加速运动，如上坡稍慢、下坡要快，接近检查点稍慢、离开要快等。这里所说的"宁慢少停"，是说途中运动速度宁可慢一点，也要尽量减少"停"（指停下来看图、对照地形）的次数，或做到不"停"。例如正常奔跑1000米需4分钟，速度是每秒4.17米，但途中如果不自觉地停下来对照3次，每次20秒钟，那么3分钟要跑完1000米，速度就要达到每秒5.56米。在起伏不大的地段作短时间奔跑虽然能达到这个速度，但不能长时间坚持下去。短时间内急剧消耗体力对整个比赛是极为不利的。因此，训练中宁可放慢速度在运动中对照，也不要停下来。

（4）走错路怎么办？走错路是指偏离了运动方向。如能及时明确自己的站立点，或偏差不大，取捷径回到预定的最佳路线上；若偏差较大，则应及时进行图上分析，重新选择最佳运动路线。迷失方向，是指经过地图与实地对照，还不能明确自己站立点的图上位置。此时，可采用下述方法：一是回头法。当确认站立点与最近的已知站立点距离不远时，可返回到最近的已知站立点，再按预定路线运动。如果在返回途中，还未到达已知站立点之前已判定出站立点，则可按纠正"走错路"的方法，取捷径回到预定的最佳路线上去。二是登高法。当确认实地位置与最近已知站立点距离较远时，用"回头法"会耽误更多的时间，这时可选择通视较好、地势较高的位置，根据与已知站立点的距离、概略方向,结合地图与实地对照,确定站立点在图上的位置,然后选择新的运动路线,向预定目标运动。

（三）检查点上的动作

1. 检查点的"捕捉"。在定向越野比赛时,准确通过各检查点是评定比赛成绩的基础,能否一次成功"捕捉"检查点又关系到比赛的速度。"捕捉"检查点主要有下述方法:

（1）定点攻击法。如检查点设在明显高大的地物、地貌点上或一侧,运动时先找到这些明显点的实地位置,然后根据检查点与明显地物、地貌点的相对方位、距离寻找检查点。如图5-4-10所示,第7号检查点设在独立房的东侧土坎下,运动时先找到独立房,再找检查点就十分容易了。

图5-4-10 定点攻击法

（2）有意偏离法。当检查点设在线状地物上或一侧且运动方向与线状地物的交角较适宜时,可有意向左（或向右）偏离检查点,以该线状地物为攻击目标。运动到该地物时,再向右（或向左）沿线状地物寻找检查点。如图5-4-11所示,第8号检查点设在高压线下一侧,先有意偏离运动方向向左运动,运动到高压线下后,再向右沿高压线寻找第8号检查点。

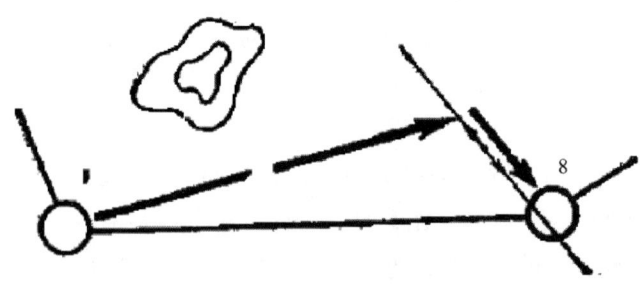

图5-4-11 有意偏离法

（3）距离定点法。在地势较平坦、无道路、植被较多、观察不便的地域内寻找检查点,一般采用"距离定点法",具体方法同"指北针定向法"。

（4）地貌分析法。地貌有一定起伏，检查点设在低小地物附近时，采用"地貌分析法"寻找检查点比较理想。主要是根据地图上检查点与地貌的位置关系，分析出实地两者相对应的位置关系，并依据这种关系位置来寻找检查点。如图5-4-12所示，寻找第9号检查点之前，首先运动到检查点西南山顶，在山顶位置通过地图与现地对照，判定出检查点所在的山背，然后沿山背下山寻找石碑，即可发现第9号检查点。

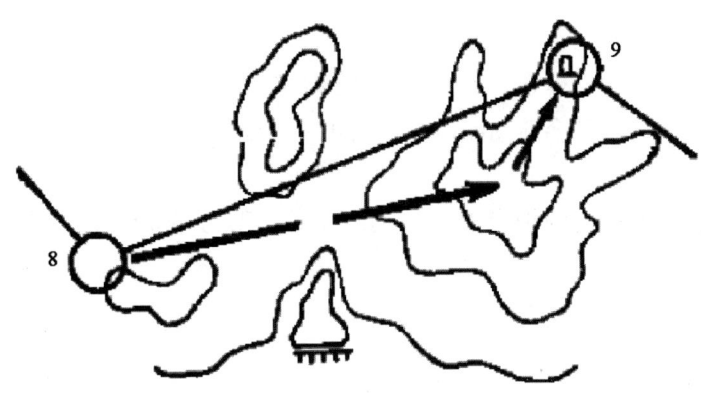

图5-4-12　地貌分析法

2. 注意事项。

（1）接近检查点之前，要在地图上分析、确定下一段最佳运动路线，并熟悉路线两侧的主要地形。目的是减少在检查点的停留时间，保证自己能做连续运动，避免为他人指示目标。

（2）发现检查点后，不要盲目作记（打卡），而要看清该点标上的代号是否与检查点说明卡上注明的代号相符，因为在一定范围内可能设置多个检查点，参赛者必须注意。

（3）一次"捕捉"检查点不成功时，应选择合适位置确定站立点，分析自己是否偏离了运动方向。确认偏离了运动方向的，应按迷失方向的方法处理。确认自己只是局部误判的，应在明确站立点之后，再次"捕捉"检查点。

（四）终点的动作

找到最后一个检查点后，应依据已选最佳路线，加快速度向终点运动，接近终点时做最后冲刺。到达终点后，立即到终点作记（打终点卡），将检查卡交给收卡员，如规定收缴地图和检查点说明卡的，应连同检查卡一同交给收卡员，并迅速离开终点区。

项目五　定向越野训练

定向越野训练是开展定向越野的一个重要环节。科学合理地组织好训练，有助于全面提高警校学员的各项身体素质。定向越野训练包括学员的体能、技能训练。

一、定向越野教练员的训练

（一）教练员应具备的素质

1. 要热爱定向越野运动，具备一定的敬业精神。

2. 要具备精深的专业知识，要了解地形学、教育学、运动训练学、警察体育、运动医学等方面的知识。

3. 要具备良好的身体素质，有较强的运动能力，特别是野外地形上的奔跑能力。

4. 要具备一定的社会活动能力和外语水平，能经常与国内外同行联系、交流，有广泛的信息来源。

5. 要有热爱自然、保护自然环境的意识，在野外的训练、比赛中杜绝污染自然环境。

6. 要有较强的组织能力。

（二）训练计划的制订

1. 以全面提高警校学员身体素质为目标，充分了解学员身体现状，有针对性地制订计划，开展定向越野训练。

2. 了解学员的个体差异，对初学者要考虑从基础知识入手进行训练；对已参加过定向越野的学员要了解他们以往参加训练的有关情况，使定向身体素质和运动水平不断提高。

3. 合理安排训练内容和时间，把握各阶段的侧重点。通常情况下体能训练在前期所占时间要多，而技能训练则在后期占的时间比重大。

4. 训练计划要坚持循序渐进的原则，提高综合定向水平。可以安排模拟比赛训练，重点强调训练效果。创造条件多在不同类型的地形和不同难度的路线上训练。

5. 训练计划的制订要考虑其他因素，如自然环境、气候等，必要时可提前到达场地，以使参训学员适应当地的气候条件。

二、定向运动学员的训练

（一）参训学员应具备的素质

1. 身心健康，爱好运动，具有长时间奔跑的能力。

2. 品德高尚，意志顽强，能吃苦耐劳。

3. 性格开朗，思维敏捷，反应迅速，独立性强。

4. 谦虚、善思考，既要尊重教练的指导，又要有主见和灵活性。

5. 热爱集体，组织纪律观念强。

（二）运动员体能训练

1. 越野跑能力的培养。定向越野运动的训练距离较长，训练线路上地形复杂多变，必须培养学员连续跑、变速跑的综合能力。

（1）连续跑能力的培养。学员必须有较好的长跑基础和良好的速度感、距离感。训练方法：一是让学员在规定的距离上反复跑。比如进行 3000 米跑，记录每次跑完的时间并告诉学员，让学员把成绩与跑时的速度进行比较反复练习，直至学员跑完 3000 米后所估计的时间与教练手中秒表所计的时间相差不大，在某时间区域内相对稳定。二是定时跑。采用 12 分钟定时跑，只要学员跑够 2400 米，2 分钟跑 400 米，不能快不能慢。记住 2 分钟跑 400 米的速度感觉。先在田径场进行基础训练，再到野外进行反复训练，使学员达到能根据手表所示时间，确定所跑距离的效果。

（2）变速跑能力的培养。定向越野训练中学员应根据实际情况采用变速跑的运动方式，要练好变速跑，关键在提高心肺功能。训练时采用 100 米快速、100 米慢速、最后 50 米快速、50 米慢速，把调整期逐步缩短，使有氧训练和无氧训练有机结合起来，使心肺适应这种快速转换的过程。再进行距离和速度无规律的训练，例如：800 米中速——50 米慢速——100 米快速——300 米中速——1000 米慢速——50 米冲刺。

（3）综合训练。在定向越野训练中路况瞬息万变，需要学员有较强的身体素质、较好的柔韧性和灵活的应变能力。可进行俯卧撑、立定跳、沙坑纵跳、简单的体操训练、攀爬训练、翻越障碍物训练等，还可根据实地情况进行山地、草地、沼泽地的奔跑训练。

2. 野外跑的训练。

（1）山地上下坡训练：上坡时，上体前倾，腿高抬；下坡时上体后仰，步幅要小。

（2）草地：杂草地带，腿要抬高，以免绊倒，如有砍柴的痕迹，落脚时要小心，速度减慢，以免受伤。

（3）空旷地：乱石较多，在奔跑时不能踩实，移脚要迅速，并控制好身体重心。

（4）水网稻田地：遇到干沟时，根据自己的弹跳能力选择跃过或蹚过沟底通过。遇水沟，窄就跃过，宽就蹚过，蹚水时不能光脚，避免扎伤。

（三）学员定向越野技能训练

定向越野技能训练内容可分为识图训练、用图训练和模拟定向比赛训练。

1. 识图训练。定向越野运动的识图训练是在基本掌握地形学知识的基础上进行的，是对地形学知识的进一步学习和巩固。通过识图训练，可提高学员快速读图的能力和利用地图判定地形的能力。定向识图训练的方法有以下几种：

（1）对定向运动地图地物地貌识别的训练。针对定向运动地图的特点，在图上开展作业。要求运动员学会判定地貌的起伏、高差、坡度和简单的通视度等；学会识别地物符号，区别定向越野图与军事地形学不一样的符号；熟记规定的统一定向图符号。对定向运动地图地物地貌识别训练的方法：一是学员通过阅读定向图，牢记地图符号。二是实施图上作业，在标有路线的图上让学员独立完成越野路线上每段路实际距离的估算量，读出各点间的方位角等。三是进行记图训练，让学员看几分钟地图，然后凭记忆描述越野路线上的地形和具有特征的地物。

（2）检查点说明符号的识别训练。对规定的检查点说明符号，一定要记住，这样才能在野外寻找目标时运用自如，对说明符号的识别训练可采用以下方法：一是浏览全部检查点说明符号，让运学员从各类符号中独自寻找规律，帮助记忆。二是抽测学员的掌握情况，特别是符号相近相似的，一定要区分其含义。三是多做说明符号的解释练习，可将训练中使用的地图做练习。

（3）利用堆积简易沙盘进行地图立体形象训练。

2. 用图训练。用图训练是在野外进行的一种技能训练。根据内容可分为运动中的方向（或标定方向）训练、运动中的站立点和目标点确定训练及现地对照训练等。

（1）运动中的方向训练。该训练可使学员在野外具有方向感，快速标定地图。运动中的方向训练方法：一是利用指北针在简单的地形上进行方位角训练，提高学员的方向感和距离感。二是利用地图在不能以直线越野（行进）的两点间练习，在绕行过程中，检查运动员的方向距离掌握情况。

（2）运动中的站立点和目标点确定训练及现地对照训练。

标图训练法：教练员带领学员到野外多种地形上的某个地点停下，要求学员在图上标定该站立点在图上的位置。

记图训练法：将定向图放在每个检查点上，让学员在检查点上看图，要求学员根据记忆越野至下一个检查点。学员跑错了必须跑回前一检查点看图，再重新越野至下一检查点。

（3）用图训练中的注意事项。用图训练必须根据场地的地形条件和学员的定向技能水平等情况进行，训练中要采取循序渐进的方法，由易到难，特别是对初学者，要根据让其能够接受的原则，逐渐提高学员的能力。各种方法可以交叉进行，但必须采取复次记忆的办法，即在同一地点同一路线训练两次，帮助学员加深印象。训练用图的现势性不同于比赛用图，如使用比赛后的地图、代用图、素图进行训练，对于地图与现地有差异之处，可让运动员自己去发现、纠正，从中提高使用地图的能力。在用图训练中，教练员可在相似的地物地貌处有意识地将点标放偏，让学员去发现和纠正，锻炼他们的判断能力，但必须安排在学员具有一定技能之后，否则会起到反作用。

3. 模拟定向越野比赛训练。模拟定向越野比赛训练一般安排在野外定向训练一段时间后进行。通过模拟定向比赛训练，使学员的定向越野技能得到全面提高，体能大幅增强。模拟定向越野比赛训练既是综合性的定向技能训练，也是对学员体能综合水平的检测。

（1）模拟定向比赛训练中，学员必须把握的原则包括：选准最佳越野路线，坚持"有路不越野、走高不走低、选近不选远、统观全局提前绕"的原则；做到"人在地上走，心在图上移"；要求充分利用点标说明，快速捕捉检查点；遇特殊情况要冷静处理，如发现自己走错了，应采用登高法、回头法等进行处置；如在越野过程中受伤了，则必须设法与就近工作人员联系，采取措施解决。

（2）组织模拟定向比赛时要注意的事项：必须根据学员掌握的定向技能水平来考虑相对应的地形区域和路线设置，切忌采用难度过大的路线，以免人员走丢而影响训练；尽可能地考虑学员综合定向技能的提高，将布点的机会让学员轮流担任，这样既可减轻教练员的工作量，又可提高运动员的技能（准确设置好检查点，也是提高定向技能的一种训练方法）。

三、学员参加越野训练时的注意事项

1. 训练出发前，必须保持良好的心理状态，切忌急躁、紧张，任何不稳定情绪都会影响正常水平的发挥。

2. 做好充分的准备工作，利用在起点待发区的间隙活动身体，防止猛烈运动导致身体不适或扭伤。

3. 取图后，不要盲目跑。先判定方向、大致的路线走向、终点方位等，抓住地形主要特征快速进行图与地的对照，快速选定出发点至 1 号点的路线。根据判断的大致距离和难易程度分配好自己的体力，快速出发。

4. 捕捉检查点时，要细心而果断。接近时速度放慢，以防错过找点，而离开时动作要迅速。打卡时一定要核对点标代号，一旦发觉错点时，不能慌张，重新判定位置捕点，尽量不要出现丢点、漏点的现象。

5. 遇到特殊情况处置要得当，如发现越野线路错了，可以按照所学的知识迅速处置，不要轻易怀疑地图出错，切莫存侥幸心理而冒险行事，否则会造成迷路或发生危险。

 课后思考

1. 定向越野的价值是什么？

2. 定向越野运动对于提高体能有哪些作用？

3. 进行定向越野训练，需要掌握哪些知识？

◇ **基本体能训练的医务指导**

1. 定向越野前须进行身体机能和医务检查，对于身体机能较差、不适合参加训练的学员和生病的学员，应安排见习和休息。

2. 训练前，要详尽地讲解训练路线，并重点提出易受伤的问题和易受伤路段，减少受伤情况出现。

3. 训练前，准备活动要做充分，身体要充分预热。

4. 在不同路段安排专门的医务人员，及时处理意外受伤学员。

5. 定向越野常见运动损伤及处理方法：

（1）皮外伤。包括擦伤、刺伤、划伤。在定向运动实践中，学员要穿越不同的地形，道路崎岖不平，乱石、杂草、树枝纵横交错，而且定向运动强度较大，行进速度快，容易发生摔倒，皮肤与地面摩擦或身体在攀爬穿越中与地物摩擦，或被带刺植物刺伤、划伤。

处理方法：对于面积不大的较干净的伤口，只需用红药水或紫药水涂擦，不包扎。擦刺划伤面积较大，创面有异物污染的，则要用生理盐水或凉开水冲洗伤口，再用消毒棉擦干，涂上消炎软膏并包扎。皮外伤严重者，应紧急处理后送医院医治。

（2）肌肉痉挛。在复杂的场地和路线上快速跑动，学员体能消耗比较大，尤其是小腿部位一直处于运动状态，因此，在定向越野中最容易出现小腿肌肉痉挛。引起肌肉痉挛的原因很多，常起因于肌肉运动时间过长，引起肌肉过度疲劳，或是肌肉受到冷刺激，或是在运动前没有足够热身动作而突然剧烈运动。

处理方法：首先要主动伸展或被动拉直痉挛的肌肉，并可作按摩或作热敷以缓解肌肉紧张。对于小腿肌肉痉挛，自己可努力伸直腿站起来，身体可稍向前倾，使小腿肌肉伸展。也可以坐在地上，伸直膝关节，使小腿肌肉努力伸展，并按压足趾使其背屈，同时按摩小腿肌肉。如因大量出汗引起小腿痉挛，应及时喝下大量淡盐水。

（3）踝关节外侧韧带的损伤。在定向越野的过程中，学员大部分时间都在奔跑，由于训练和比赛场地常处于野外，地形地貌复杂，运动中跑、跳、攀、爬综合运用，这些都可能会使踝关节发生过度内翻，引起外侧韧带损伤。踝关节多次反复受伤，或长期过度屈、伸都可导致创伤性骨关节病。

处理方法：踝关节扭伤或部分韧带撕裂，受伤时间未到24小时的，首先静止下来，尽早冷敷、加压包扎和抬高伤肢。24小时之后，根据伤情可适当进行理疗、针刺或按摩，使用保护支持带，尽早下地活动。如果韧带完全断裂，冷敷加压包扎后应送往医院做进一步处理。

（4）骨折。在参加定向越野的过程中，由于点标设在不同的地方，学员必须多次穿越各种地面，跑动的速度变化大，腿部肌肉不断变换收缩频率，造成腿部肌肉疲劳过早出现，容易引起跌倒。如果跌倒时膝盖直接撞击地面，易引起髌骨骨折，或者跌倒时用手撑地，由跌倒时的冲力所引起的地面反作用力沿上肢向上传导，易引起桡骨远端、尺骨与桡骨干、肱骨骨折等。

处理方法：骨折时用夹板、绷带抱扎固定，固定时不可试图整复，尽量减少不必要的移动，以减少伤者疼痛。如果没有夹板、绷带，也可就地取材，如木板、树枝、木棍等，然后急送医院治疗。

附件一
国家学生体质健康标准
（2014 年修订）

一、说明

1. 《国家学生体质健康标准》（以下简称《标准》）是国家学校教育工作的基础性指导文件和教育质量基本标准，是评价学生综合素质、评估学校工作和衡量各地教育发展的重要依据，是《国家体育锻炼标准》在学校的具体实施，适用于全日制普通小学、初中、普通高中、中等职业学校、普通高等学校的学生。

2. 本标准的修订坚持健康第一，落实《国家中长期教育改革和发展规划纲要（2010 – 2020 年）》、《国务院办公厅转发教育部等部门关于进一步加强学校体育工作若干意见的通知》（国办发〔2012〕53 号）和《教育部关于印发〈学生体质健康监测评价办法〉等三个文件的通知》（教体艺〔2014〕3 号）有关要求，着重提高《标准》应用的信度、效度和区分度，着重强化其教育激励、反馈调整和引导锻炼的功能，着重提高其教育监测和绩效评价的支撑能力。

3. 本标准从身体形态、身体机能和身体素质等方面综合评定学生的体质健康水平，是促进学生体质健康发展、激励学生积极进行身体锻炼的教育手段，是国家学生发展核心素养体系和学业质量标准的重要组成部分，是学生体质健康的个体评价标准。

4. 本标准将适用对象划分为以下组别：小学、初中、高中按每个年级为一组，其中小学为 6 组、初中为 3 组、高中为 3 组。大学一、二年级为一组，三、四年级为一组。

5. 小学、初中、高中、大学各组别的测试指标均为必测指标。其中，身体形态类中的身高、体重，身体机能类中的肺活量，以及身体素质类中的 50 米跑、坐位体前屈为各年级学生共性指标。

6. 本标准的学年总分由标准分与附加分之和构成，满分为 120 分。标准分由各单项指标得分与权重乘积之和组成，满分为 100 分。附加分根据实测成绩确定，即对成绩超过 100 分的加分指标进行加分，满分为 20 分；小学的加分指标为 1 分钟跳绳，加分幅度为 20 分；初中、高中和大学的加分指标为男生引体向上和 1000 米跑，女生 1 分钟仰卧起坐和 800 米跑，各指标加分幅度均为 10 分。

7. 根据学生学年总分评定等级：90.0分及以上为优秀，80.0～89.9分为良好，60.0～79.9分为及格，59.9分及以下为不及格。

8. 每个学生每学年评定一次，记入《〈国家学生体质健康标准〉登记卡》（附表1～6）。特殊学制的学校，在填写登记卡时可以按规定和需求相应地增减栏目。学生毕业时的成绩和等级，按毕业当年学年总分的50%与其他学年总分平均得分的50%之和进行评定。

9. 学生测试成绩评定达到良好及以上者，方可参加评优与评奖；成绩达到优秀者，方可获体育奖学分。测试成绩评定不及格者，在本学年度准予补测一次，补测仍不及格，则学年成绩评定为不及格。普通高中、中等职业学校和普通高等学校学生毕业时，《标准》测试的成绩达不到50分者按结业或肄业处理。

10. 学生因病或残疾可向学校提交暂缓或免予执行《标准》的申请，经医疗单位证明，体育教学部门核准，可暂缓或免予执行《标准》，并填写《免予执行〈国家学生体质健康标准〉申请表》（附表7），存入学生档案。确实丧失运动能力、被免予执行《标准》的残疾学生，仍可参加评优与评奖，毕业时《标准》成绩需注明免测。

11. 各学校每学年开展覆盖本校各年级学生的《标准》测试工作，《标准》测试数据经当地教育行政部门按要求审核后，通过"中国学生体质健康网"上传至"国家学生体质健康标准数据管理系统"。测试和数据上传时间由教育行政部门确定。

12. 本标准由教育部负责解释。

二、单项指标与权重

测试对象	单项指标	权重（％）
小学一年级至大学四年级	体重指数（BMI）	15
	肺活量	15
小学一、二年级	50米跑	20
	坐位体前屈	30
	1分钟跳绳	20
小学三、四年级	50米跑	20
	坐位体前屈	20
	1分钟跳绳	20
	1分钟仰卧起坐	10
小学五、六年级	50米跑	20
	坐位体前屈	10
	1分钟跳绳	10

续表

测试对象	单项指标	权重（%）
小学五、六年级	1 分钟仰卧起坐	20
	50 米×8 往返跑	10
初中、高中、大学各年级	50 米跑	20
	坐位体前屈	10
	立定跳远	10
	引体向上（男）/1 分钟仰卧起坐（女）	10
	1000 米跑（男）/800 米跑（女）	20

注：体重指数（BMI）＝体重（千克）/身高^2（米^2）。

三、评分表

（一）单项指标评分表

表 1－1　男生体重指数（BMI）单项评分表（单位：千克/米^2）

等级	单项得分	一年级	二年级	三年级	四年级	五年级	六年级	初一	初二	初三	高一	高二	高三	大学
正常	100	13.5~18.1	13.7~18.4	13.9~19.4	14.2~20.1	14.4~21.4	14.7~21.8	15.5~22.1	15.7~22.5	15.8~22.8	16.5~23.2	16.8~23.7	17.3~23.8	17.9~23.9
低体重	80	≤13.4	≤13.6	≤13.8	≤14.1	≤14.3	≤14.6	≤15.4	≤15.6	≤15.7	≤16.4	≤16.7	≤17.2	≤17.8
超重		18.2~20.3	18.5~20.4	19.5~22.1	20.2~22.6	21.5~24.1	21.9~24.5	22.2~24.9	22.6~25.2	22.9~26.0	23.3~26.3	23.8~26.5	23.9~27.3	24.0~27.9
肥胖	60	≥20.4	≥20.5	≥22.2	≥22.7	≥24.2	≥24.6	≥25.0	≥25.3	≥26.1	≥26.4	≥26.6	≥27.4	≥28.0

表 1－2　女生体重指数（BMI）单项评分表（单位：千克/米^2）

等级	单项得分	一年级	二年级	三年级	四年级	五年级	六年级	初一	初二	初三	高一	高二	高三	大学
正常	100	13.3~17.3	13.5~17.8	13.6~18.6	13.7~19.4	13.8~20.5	14.2~20.8	14.8~21.7	15.3~22.2	16.0~22.6	16.5~22.7	16.9~23.2	17.1~23.3	17.2~23.9
低体重	80	≤13.2	≤13.4	≤13.5	≤13.6	≤13.7	≤14.1	≤14.7	≤15.2	≤15.9	≤16.4	≤16.8	≤17.0	≤17.1
超重		17.4~19.2	17.9~20.2	18.7~21.1	19.5~22.0	20.6~22.9	20.9~23.6	21.8~24.4	22.3~24.8	22.7~25.1	22.8~25.2	23.3~25.4	23.4~25.7	24.0~27.9
肥胖	60	≥19.3	≥20.3	≥21.2	≥22.1	≥23.0	≥23.7	≥24.5	≥24.9	≥25.2	≥25.3	≥25.5	≥25.8	≥28.0

表1−3　男生肺活量单项评分表（单位：毫升）

等级	单项得分	一年级	二年级	三年级	四年级	五年级	六年级	初一	初二	初三	高一	高二	高三	大一大二	大三大四
优秀	100	1700	2000	2300	2600	2900	3200	3640	3940	4240	4540	4740	4940	5040	5140
	95	1600	1900	2200	2500	2800	3100	3520	3820	4120	4420	4620	4820	4920	5020
	90	1500	1800	2100	2400	2700	3000	3400	3700	4000	4300	4500	4700	4800	4900
良好	85	1400	1650	1900	2150	2450	2750	3150	3450	3750	4050	4250	4450	4550	4650
	80	1300	1500	1700	1900	2200	2500	2900	3200	3500	3800	4000	4200	4300	4400
及格	78	1240	1430	1620	1820	2110	2400	2780	3080	3380	3680	3880	4080	4180	4280
	76	1180	1360	1540	1740	2020	2300	2660	2960	3260	3560	3760	3960	4060	4160
	74	1120	1290	1460	1660	1930	2200	2540	2840	3140	3440	3640	3840	3940	4040
	72	1060	1220	1380	1580	1840	2100	2420	2720	3020	3320	3520	3720	3820	3920
	70	1000	1150	1300	1500	1750	2000	2300	2600	2900	3200	3400	3600	3700	3800
	68	940	1080	1220	1420	1660	1900	2180	2480	2780	3080	3280	3480	3580	3680
	66	880	1010	1140	1340	1570	1800	2060	2360	2660	2960	3160	3360	3460	3560
	64	820	940	1060	1260	1480	1700	1940	2240	2540	2840	3040	3240	3340	3440
	62	760	870	980	1180	1390	1600	1820	2120	2420	2720	2920	3120	3220	3320
	60	700	800	900	1100	1300	1500	1700	2000	2300	2600	2800	3000	3100	3200
不及格	50	660	750	840	1030	1220	1410	1600	1890	2180	2470	2660	2850	2940	3030
	40	620	700	780	960	1140	1320	1500	1780	2060	2340	2520	2700	2780	2860
	30	580	650	720	890	1060	1230	1400	1670	1940	2210	2380	2550	2620	2690
	20	540	600	660	820	980	1140	1300	1560	1820	2080	2240	2400	2460	2520
	10	500	550	600	750	900	1050	1200	1450	1700	1950	2100	2250	2300	2350

表1−4　女生肺活量单项评分表（单位：毫升）

等级	单项得分	一年级	二年级	三年级	四年级	五年级	六年级	初一	初二	初三	高一	高二	高三	大一大二	大三大四
优秀	100	1400	1600	1800	2000	2250	2500	2750	2900	3050	3150	3250	3350	3400	3450
	95	1300	1500	1700	1900	2150	2400	2650	2850	3000	3100	3200	3300	3350	3400
	90	1200	1400	1600	1800	2050	2300	2550	2800	2950	3050	3150	3250	3300	3350
良好	85	1100	1300	1500	1700	1950	2200	2450	2650	2800	2900	3000	3100	3150	3200
	80	1000	1200	1400	1600	1850	2100	2350	2500	2650	2750	2850	2950	3000	3050

续表

等级	单项得分	一年级	二年级	三年级	四年级	五年级	六年级	初一	初二	初三	高一	高二	高三	大一大二	大三大四
及格	78	960	1150	1340	1530	1770	2010	2250	2400	2550	2650	2750	2850	2900	2950
	76	920	1100	1280	1460	1690	1920	2150	2300	2450	2550	2650	2750	2800	2850
	74	880	1050	1220	1390	1610	1830	2050	2200	2350	2450	2550	2650	2700	2750
	72	840	1000	1160	1320	1530	1740	1950	2100	2250	2350	2450	2550	2600	2650
	70	800	950	1100	1250	1450	1650	1850	2000	2150	2250	2350	2450	2500	2550
	68	760	900	1040	1180	1370	1560	1750	1900	2050	2150	2250	2350	2400	2450
	66	720	850	980	1110	1290	1470	1650	1800	1950	2050	2150	2250	2300	2350
	64	680	800	920	1040	1210	1380	1550	1700	1850	1950	2050	2150	2200	2250
	62	640	750	860	970	1130	1290	1450	1600	1750	1850	1950	2050	2100	2150
	60	600	700	800	900	1050	1200	1350	1500	1650	1750	1850	1950	2000	2050
不及格	50	580	680	780	880	1020	1170	1310	1460	1610	1710	1810	1910	1960	2010
	40	560	660	760	860	990	1140	1270	1420	1570	1670	1770	1870	1920	1970
	30	540	640	740	840	960	1110	1230	1380	1530	1630	1730	1830	1880	1930
	20	520	620	720	820	930	1080	1190	1340	1490	1590	1690	1790	1840	1890
	10	500	600	700	800	900	1050	1150	1300	1450	1550	1650	1750	1800	1850

表 1-5 男生 50 米跑单项评分表（单位：秒）

等级	单项得分	一年级	二年级	三年级	四年级	五年级	六年级	初一	初二	初三	高一	高二	高三	大一大二	大三大四
优秀	100	10.2	9.6	9.1	8.7	8.4	8.2	7.8	7.5	7.3	7.1	7.0	6.8	6.7	6.6
	95	10.3	9.7	9.2	8.8	8.5	8.3	7.9	7.6	7.4	7.2	7.1	6.9	6.8	6.7
	90	10.4	9.8	9.3	8.9	8.6	8.4	8.0	7.7	7.5	7.3	7.2	7.0	6.9	6.8
良好	85	10.5	9.9	9.4	9.0	8.7	8.5	8.1	7.8	7.6	7.4	7.3	7.1	7.0	6.9
	80	10.6	10.0	9.5	9.1	8.8	8.6	8.2	7.9	7.7	7.5	7.4	7.2	7.1	7.0
及格	78	10.8	10.2	9.7	9.3	9.0	8.8	8.4	8.1	7.9	7.7	7.6	7.4	7.3	7.2
	76	11.0	10.4	9.9	9.5	9.2	9.0	8.6	8.3	8.1	7.9	7.8	7.6	7.5	7.4
	74	11.2	10.6	10.1	9.7	9.4	9.2	8.8	8.5	8.3	8.1	8.0	7.8	7.7	7.6
	72	11.4	10.8	10.3	9.9	9.6	9.4	9.0	8.7	8.5	8.3	8.2	8.0	7.9	7.8
	70	11.6	11.0	10.5	10.1	9.8	9.6	9.2	8.9	8.7	8.5	8.4	8.2	8.1	8.0
	68	11.8	11.2	10.7	10.3	10.0	9.8	9.4	9.1	8.9	8.7	8.6	8.4	8.3	8.2

等级	单项得分	一年级	二年级	三年级	四年级	五年级	六年级	初一	初二	初三	高一	高二	高三	大一大二	大三大四
及格	66	12.0	11.4	10.9	10.5	10.2	10.0	9.6	9.3	9.1	8.9	8.8	8.6	8.5	8.4
	64	12.2	11.6	11.1	10.7	10.4	10.2	9.8	9.5	9.3	9.1	9.0	8.8	8.7	8.6
	62	12.4	11.8	11.3	10.9	10.6	10.4	10.0	9.7	9.5	9.3	9.2	9.0	8.9	8.8
	60	12.6	12.0	11.5	11.1	10.8	10.6	10.2	9.9	9.7	9.5	9.4	9.2	9.1	9.0
不及格	50	12.8	12.2	11.7	11.3	11.0	10.8	10.4	10.1	9.9	9.7	9.6	9.4	9.3	9.2
	40	13.0	12.4	11.9	11.5	11.2	11.0	10.6	10.3	10.1	9.9	9.8	9.6	9.5	9.4
	30	13.2	12.6	12.1	11.7	11.4	11.2	10.8	10.5	10.3	10.1	10.0	9.8	9.7	9.6
	20	13.4	12.8	12.3	11.9	11.6	11.4	11.0	10.7	10.5	10.3	10.2	10.0	9.9	9.8
	10	13.6	13.0	12.5	12.1	11.8	11.6	11.2	10.9	10.7	10.5	10.4	10.2	10.1	10.0

表1-6 女生50米跑单项评分表（单位：秒）

等级	单项得分	一年级	二年级	三年级	四年级	五年级	六年级	初一	初二	初三	高一	高二	高三	大一大二	大三大四
优秀	100	11.0	10.0	9.2	8.7	8.3	8.2	8.1	8.0	7.9	7.8	7.7	7.6	7.5	7.4
	95	11.1	10.1	9.3	8.8	8.4	8.3	8.2	8.1	8.0	7.9	7.8	7.7	7.6	7.5
	90	11.2	10.2	9.4	8.9	8.5	8.4	8.3	8.2	8.1	8.0	7.9	7.8	7.7	7.6
良好	85	11.5	10.5	9.7	9.2	8.8	8.7	8.6	8.5	8.4	8.3	8.2	8.1	8.0	7.9
	80	11.8	10.8	10.0	9.5	9.1	9.0	8.9	8.8	8.7	8.6	8.5	8.4	8.3	8.2
及格	78	12.0	11.0	10.2	9.7	9.3	9.2	9.1	9.0	8.9	8.8	8.7	8.6	8.5	8.4
	76	12.2	11.2	10.4	9.9	9.5	9.4	9.3	9.2	9.1	9.0	8.9	8.8	8.7	8.6
	74	12.4	11.4	10.6	10.1	9.7	9.6	9.5	9.4	9.3	9.2	9.1	9.0	8.9	8.8
	72	12.6	11.6	10.8	10.3	9.9	9.8	9.7	9.6	9.5	9.4	9.3	9.2	9.1	9.0
	70	12.8	11.8	11.0	10.5	10.1	10.0	9.9	9.8	9.7	9.6	9.5	9.4	9.3	9.2
	68	13.0	12.0	11.2	10.7	10.3	10.2	10.1	10.0	9.9	9.8	9.7	9.6	9.5	9.4
	66	13.2	12.2	11.4	10.9	10.5	10.4	10.3	10.2	10.1	10.0	9.9	9.8	9.7	9.6
	64	13.4	12.4	11.6	11.1	10.7	10.6	10.5	10.4	10.3	10.2	10.1	10.0	9.9	9.8
	62	13.6	12.6	11.8	11.3	10.9	10.8	10.7	10.6	10.5	10.4	10.3	10.2	10.1	10.0
	60	13.8	12.8	12.0	11.5	11.1	11.0	10.9	10.8	10.7	10.6	10.5	10.4	10.3	10.2
不及格	50	14.0	13.0	12.2	11.7	11.3	11.2	11.1	11.0	10.9	10.8	10.7	10.6	10.5	10.4
	40	14.2	13.2	12.4	11.9	11.5	11.4	11.3	11.2	11.1	11.0	10.9	10.8	10.7	10.6

续表

等级	单项得分	一年级	二年级	三年级	四年级	五年级	六年级	初一	初二	初三	高一	高二	高三	大一大二	大三大四
不及格	30	14.4	13.4	12.6	12.1	11.7	11.6	11.5	11.4	11.3	11.2	11.1	11.0	10.9	10.8
	20	14.6	13.6	12.8	12.3	11.9	11.8	11.7	11.6	11.5	11.4	11.3	11.2	11.1	11.0
	10	14.8	13.8	13.0	12.5	12.1	12.0	11.9	11.8	11.7	11.6	11.5	11.4	11.3	11.2

表 1-7　男生坐位体前屈单项评分表（单位：厘米）

等级	单项得分	一年级	二年级	三年级	四年级	五年级	六年级	初一	初二	初三	高一	高二	高三	大一大二	大三大四
优秀	100	16.1	16.2	16.3	16.4	16.5	16.6	17.6	19.6	21.6	23.6	24.3	24.6	24.9	25.1
	95	14.6	14.7	14.9	15.0	15.2	15.3	15.9	17.7	19.7	21.5	22.4	22.8	23.1	23.3
	90	13.0	13.2	13.4	13.6	13.8	14.0	14.2	15.8	17.8	19.4	20.5	21.0	21.3	21.5
良好	85	12.0	11.9	11.8	11.7	11.6	11.5	12.3	13.7	15.8	17.2	18.3	19.1	19.5	19.9
	80	11.0	10.6	10.2	9.8	9.4	9.0	10.4	11.6	13.8	15.0	16.1	17.2	17.7	18.2
及格	78	9.9	9.5	9.1	8.6	8.2	7.7	9.1	10.3	12.4	13.6	14.7	15.8	16.3	16.8
	76	8.8	8.4	8.0	7.4	7.0	6.4	7.8	9.0	11.0	12.2	13.3	14.4	14.9	15.4
	74	7.7	7.3	6.9	6.2	5.8	5.1	6.5	7.7	9.6	10.8	11.9	13.0	13.5	14.0
	72	6.6	6.2	5.8	5.0	4.6	3.8	5.2	6.4	8.2	9.4	10.5	11.6	12.1	12.6
	70	5.5	5.1	4.7	3.8	3.4	2.5	3.9	5.1	6.8	8.0	9.1	10.2	10.7	11.2
	68	4.4	4.0	3.6	2.6	2.2	1.2	2.6	3.8	5.4	6.6	7.7	8.8	9.3	9.8
	66	3.3	2.9	2.5	1.4	1.0	-0.1	1.3	2.5	4.0	5.2	6.3	7.4	7.9	8.4
	64	2.2	1.8	1.4	0.2	-0.2	-1.4	0.0	1.2	2.6	3.8	4.9	6.0	6.5	7.0
	62	1.1	0.7	0.3	-1.0	-1.4	-2.7	-1.3	-0.1	1.2	2.4	3.5	4.6	5.1	5.6
	60	0.0	-0.4	-0.8	-2.2	-2.6	-4.0	-2.6	-1.4	-0.2	1.0	2.1	3.2	3.7	4.2
不及格	50	-0.8	-1.2	-1.6	-3.2	-3.6	-5.0	-3.8	-2.6	-1.4	0.0	1.1	2.2	2.7	3.2
	40	-1.6	-2.0	-2.4	-4.2	-4.6	-6.0	-5.0	-3.8	-2.6	-1.0	0.1	1.2	1.7	2.2
	30	-2.4	-2.8	-3.2	-5.2	-5.6	-7.0	-6.2	-5.0	-3.8	-2.0	-0.9	0.2	0.7	1.2
	20	-3.2	-3.6	-4.0	-6.2	-6.6	-8.0	-7.4	-6.2	-5.0	-3.0	-1.9	-0.8	-0.3	0.2
	10	-4.0	-4.4	-4.8	-7.2	-7.6	-9.0	-8.6	-7.4	-6.2	-4.0	-2.9	-1.8	-1.3	-0.8

表1-8 女生坐位体前屈单项评分表（单位：厘米）

等级	单项得分	一年级	二年级	三年级	四年级	五年级	六年级	初一	初二	初三	高一	高二	高三	大一大二	大三大四
优秀	100	18.6	18.9	19.2	19.5	19.8	19.9	21.8	22.7	23.5	24.2	24.8	25.3	25.8	26.3
	95	17.3	17.6	17.9	18.1	18.5	18.7	20.1	21.0	21.8	22.5	23.1	23.6	24.0	24.4
	90	16.0	16.3	16.6	16.9	17.2	17.5	18.4	19.3	20.1	20.8	21.4	21.9	22.2	22.4
良好	85	14.7	14.8	14.9	15.0	15.1	15.2	16.7	17.6	18.4	19.1	19.7	20.2	20.6	21.0
	80	13.4	13.3	13.2	13.1	13.0	12.9	15.0	15.9	16.7	17.4	18.0	18.5	19.0	19.5
及格	78	12.3	12.2	12.1	12.0	11.9	11.8	13.7	14.6	15.4	16.1	16.7	17.2	17.7	18.2
	76	11.2	11.1	11.0	10.9	10.8	10.7	12.4	13.3	14.1	14.8	15.4	15.9	16.4	16.9
	74	10.1	10.0	9.9	9.8	9.7	9.6	11.1	12.0	12.8	13.5	14.1	14.6	15.1	15.6
	72	9.0	8.9	8.8	8.7	8.6	8.5	9.8	10.7	11.5	12.2	12.8	13.3	13.8	14.3
	70	7.9	7.8	7.7	7.6	7.5	7.4	8.5	9.4	10.2	10.9	11.5	12.0	12.5	13.0
	68	6.8	6.7	6.6	6.5	6.4	6.3	7.2	8.1	8.9	9.6	10.2	10.7	11.2	11.7
	66	5.7	5.6	5.5	5.4	5.3	5.2	5.9	6.8	7.6	8.3	8.9	9.4	9.9	10.4
	64	4.6	4.5	4.4	4.3	4.2	4.1	4.6	5.5	6.3	7.0	7.6	8.1	8.6	9.1
	62	3.5	3.4	3.3	3.2	3.1	3.0	3.3	4.2	5.0	5.7	6.3	6.8	7.3	7.8
	60	2.4	2.3	2.2	2.1	2.0	1.9	2.0	2.9	3.7	4.4	5.0	5.5	6.0	6.5
不及格	50	1.6	1.5	1.4	1.3	1.2	1.1	1.2	2.1	2.9	3.6	4.2	4.7	5.2	5.7
	40	0.8	0.7	0.6	0.5	0.4	0.3	0.4	1.3	2.1	2.8	3.4	3.9	4.4	4.9
	30	0.0	-0.1	-0.2	-0.3	-0.4	-0.5	-0.4	0.5	1.3	2.0	2.6	3.1	3.6	4.1
	20	-0.8	-0.9	-1.0	-1.1	-1.2	-1.3	-1.2	-0.3	0.5	1.2	1.8	2.3	2.8	3.3
	10	-1.6	-1.7	-1.8	-1.9	-2.0	-2.1	-2.0	-1.1	-0.3	0.4	1.0	1.5	2.0	2.5

表1-9 男生一分钟跳绳单项评分表（单位：次）

等级	单项得分	一年级	二年级	三年级	四年级	五年级	六年级
优秀	100	109	117	126	137	148	157
	95	104	112	121	132	143	152
	90	99	107	116	127	138	147
良好	85	93	101	110	121	132	141
	80	87	95	104	115	126	135
及格	78	80	88	97	108	119	128
	76	73	81	90	101	112	121

续表

等级	单项得分	一年级	二年级	三年级	四年级	五年级	六年级
及格	74	66	74	83	94	105	114
	72	59	67	76	87	98	107
	70	52	60	69	80	91	100
	68	45	53	62	73	84	93
	66	38	46	55	66	77	86
	64	31	39	48	59	70	79
	62	24	32	41	52	63	72
	60	17	25	34	45	56	65
不及格	50	14	22	31	42	53	62
	40	11	19	28	39	50	59
	30	8	16	25	36	47	56
	20	5	13	22	33	44	53
	10	2	10	19	30	41	50

表 1-10　女生一分钟跳绳单项评分表（单位：次）

等级	单项得分	一年级	二年级	三年级	四年级	五年级	六年级
优秀	100	117	127	139	149	158	166
	95	110	120	132	142	151	159
	90	103	113	125	135	144	152
良好	85	95	105	117	127	136	144
	80	87	97	109	119	128	136
及格	78	80	90	102	112	121	129
	76	73	83	95	105	114	122
	74	66	76	88	98	107	115
	72	59	69	81	91	100	108
	70	52	62	74	84	93	101
	68	45	55	67	77	86	94
	66	38	48	60	70	79	87
	64	31	41	53	63	72	80
	62	24	34	46	56	65	73
	60	17	27	39	49	58	66

等级	单项得分	一年级	二年级	三年级	四年级	五年级	六年级
	50	14	24	36	46	55	63
	40	11	21	33	43	52	60
不及格	30	8	18	30	40	49	57
	20	5	15	27	37	46	54
	10	2	12	24	34	43	51

表 1-11　男生立定跳远单项评分表（单位：厘米）

等级	单项得分	初一	初二	初三	高一	高二	高三	大一大二	大三大四
优秀	100	225	240	250	260	265	270	273	275
	95	218	233	245	255	260	265	268	270
	90	211	226	240	250	255	260	263	265
良好	85	203	218	233	243	248	253	256	258
	80	195	210	225	235	240	245	248	250
	78	191	206	221	231	236	241	244	246
	76	187	202	217	227	232	237	240	242
	74	183	198	213	223	228	233	236	238
	72	179	194	209	219	224	229	232	234
	70	175	190	205	215	220	225	228	230
及格	68	171	186	201	211	216	221	224	226
	66	167	182	197	207	212	217	220	222
	64	163	178	193	203	208	213	216	218
	62	159	174	189	199	204	209	212	214
	60	155	170	185	195	200	205	208	210
	50	150	165	180	190	195	200	203	205
	40	145	160	175	185	190	195	198	200
不及格	30	140	155	170	180	185	190	193	195
	20	135	150	165	175	180	185	188	190
	10	130	145	160	170	175	180	183	185

表1-12 女生立定跳远单项评分表（单位：厘米）

等级	单项 得分	初一	初二	初三	高一	高二	高三	大一 大二	大三 大四
优秀	100	196	200	202	204	205	206	207	208
	95	190	194	196	198	199	200	201	202
	90	184	188	190	192	193	194	195	196
良好	85	177	181	183	185	186	187	188	189
	80	170	174	176	178	179	180	181	182
及格	78	167	171	173	175	176	177	178	179
	76	164	168	170	172	173	174	175	176
	74	161	165	167	169	170	171	172	173
	72	158	162	164	166	167	168	169	170
	70	155	159	161	163	164	165	166	167
	68	152	156	158	160	161	162	163	164
	66	149	153	155	157	158	159	160	161
	64	146	150	152	154	155	156	157	158
	62	143	147	149	151	152	153	154	155
	60	140	144	146	148	149	150	151	152
不及格	50	135	139	141	143	144	145	146	147
	40	130	134	136	138	139	140	141	142
	30	125	129	131	133	134	135	136	137
	20	120	124	126	128	129	130	131	132
	10	115	119	121	123	124	125	126	127

表1-13 男生一分钟仰卧起坐、引体向上单项评分表（单位：次）

等级	单项 得分	三年级	四年级	五年级	六年级	初一	初二	初三	高一	高二	高三	大一 大二	大三 大四
优秀	100	48	49	50	51	13	14	15	16	17	18	19	20
	95	45	46	47	48	12	13	14	15	16	17	18	19
	90	42	43	44	45	11	12	13	14	15	16	17	18
良好	85	39	40	41	42	10	11	12	13	14	15	16	17
	80	36	37	38	39	9	10	11	12	13	14	15	16

续表

等级	单项得分	三年级	四年级	五年级	六年级	初一	初二	初三	高一	高二	高三	大一大二	大三大四
及格	78	34	35	36	37								
	76	32	33	34	35	8	9	10	11	12	13	14	15
	74	30	31	32	33								
	72	28	29	30	31	7	8	9	10	11	12	13	14
	70	26	27	28	29								
	68	24	25	26	27	6	7	8	9	10	11	12	13
	66	22	23	24	25								
	64	20	21	22	23	5	6	7	8	9	10	11	12
	62	18	19	20	21								
	60	16	17	18	19	4	5	6	7	8	9	10	11
不及格	50	14	15	16	17	3	4	5	6	7	8	9	10
	40	12	13	14	15	2	3	4	5	6	7	8	9
	30	10	11	12	13	1	2	3	4	5	6	7	8
	20	8	9	10	11		1	2	3	4	5	6	7
	10	6	7	8	9			1	2	3	4	5	6

注：小学三年级～六年级：一分钟仰卧起坐；初中、高中、大学：引体向上。

表1-14 女生一分钟仰卧起坐单项评分表（单位：次）

等级	单项得分	三年级	四年级	五年级	六年级	初一	初二	初三	高一	高二	高三	大一大二	大三大四
优秀	100	46	47	48	49	50	51	52	53	54	55	56	57
	95	44	45	46	47	48	49	50	51	52	53	54	55
	90	42	43	44	45	46	47	48	49	50	51	52	53
良好	85	39	40	41	42	43	44	45	46	47	48	49	50
	80	36	37	38	39	40	41	42	43	44	45	46	47
及格	78	34	35	36	37	38	39	40	41	42	43	44	45
	76	32	33	34	35	36	37	38	39	40	41	42	43
	74	30	31	32	33	34	35	36	37	38	39	40	41
	72	28	29	30	31	32	33	34	35	36	37	38	39
	70	26	27	28	29	30	31	32	33	34	35	36	37
	68	24	25	26	27	28	29	30	31	32	33	34	35

续表

等级	单项得分	三年级	四年级	五年级	六年级	初一	初二	初三	高一	高二	高三	大一大二	大三大四
及格	66	22	23	24	25	26	27	28	29	30	31	32	33
	64	20	21	22	23	24	25	26	27	28	29	30	31
	62	18	19	20	21	22	23	24	25	26	27	28	29
	60	16	17	18	19	20	21	22	23	24	25	26	27
不及格	50	14	15	16	17	18	19	20	21	22	23	24	25
	40	12	13	14	15	16	17	18	19	20	21	22	23
	30	10	11	12	13	14	15	16	17	18	19	20	21
	20	8	9	10	11	12	13	14	15	16	17	18	19
	10	6	7	8	9	10	11	12	13	14	15	16	17

表 1－15　男生耐力跑单项评分表（单位：分·秒）

等级	单项得分	五年级	六年级	初一	初二	初三	高一	高二	高三	大一大二	大三大四
优秀	100	1′36″	1′30″	3′55″	3′50″	3′40″	3′30″	3′25″	3′20″	3′17″	3′15″
	95	1′39″	1′33″	4′05″	3′55″	3′45″	3′35″	3′30″	3′25″	3′22″	3′20″
	90	1′42″	1′36″	4′15″	4′00″	3′50″	3′40″	3′35″	3′30″	3′27″	3′25″
良好	85	1′45″	1′39″	4′22″	4′07″	3′57″	3′47″	3′42″	3′37″	3′34″	3′32″
	80	1′48″	1′42″	4′30″	4′15″	4′05″	3′55″	3′50″	3′45″	3′42″	3′40″
及格	78	1′51″	1′45″	4′35″	4′20″	4′10″	4′00″	3′55″	3′50″	3′47″	3′45″
	76	1′54″	1′48″	4′40″	4′25″	4′15″	4′05″	4′00″	3′55″	3′52″	3′50″
	74	1′57″	1′51″	4′45″	4′30″	4′20″	4′10″	4′05″	4′00″	3′57″	3′55″
	72	2′00″	1′54″	4′50″	4′35″	4′25″	4′15″	4′10″	4′05″	4′02″	4′00″
	70	2′03″	1′57″	4′55″	4′40″	4′30″	4′20″	4′15″	4′10″	4′07″	4′05″
	68	2′06″	2′00″	5′00″	4′45″	4′35″	4′25″	4′20″	4′15″	4′12″	4′10″
	66	2′09″	2′03″	5′05″	4′50″	4′40″	4′30″	4′25″	4′20″	4′17″	4′15″
	64	2′12″	2′06″	5′10″	4′55″	4′45″	4′35″	4′30″	4′25″	4′22″	4′20″
	62	2′15″	2′09″	5′15″	5′00″	4′50″	4′40″	4′35″	4′30″	4′27″	4′25″
	60	2′18″	2′12″	5′20″	5′05″	4′55″	4′45″	4′40″	4′35″	4′32″	4′30″
不及格	50	2′22″	2′16″	5′40″	5′25″	5′15″	5′05″	5′00″	4′55″	4′52″	4′50″
	40	2′26″	2′20″	6′00″	5′45″	5′35″	5′25″	5′20″	5′15″	5′12″	5′10″

等级	单项得分	五年级	六年级	初一	初二	初三	高一	高二	高三	大一大二	大三大四
不及格	30	2′30″	2′24″	6′20″	6′05″	5′55″	5′45″	5′40″	5′35″	5′32″	5′30″
	20	2′34″	2′28″	6′40″	6′25″	6′15″	6′05″	6′00″	5′55″	5′52″	5′50″
	10	2′38″	2′32″	7′00″	6′45″	6′35″	6′25″	6′20″	6′15″	6′12″	6′10″

注：小学五年级~六年级：50米×8往返跑；初中、高中、大学：1000米跑。

表1-16 女生耐力跑单项评分表（单位：分·秒）

等级	单项得分	五年级	六年级	初一	初二	初三	高一	高二	高三	大一大二	大三大四
优秀	100	1′41″	1′37″	3′35″	3′30″	3′25″	3′24″	3′22″	3′20″	3′18″	3′16″
	95	1′44″	1′40″	3′42″	3′37″	3′32″	3′30″	3′28″	3′26″	3′24″	3′22″
	90	1′47″	1′43″	3′49″	3′44″	3′39″	3′36″	3′34″	3′32″	3′30″	3′28″
良好	85	1′50″	1′46″	3′57″	3′52″	3′47″	3′43″	3′41″	3′39″	3′37″	3′35″
	80	1′53″	1′49″	4′05″	4′00″	3′55″	3′50″	3′48″	3′46″	3′44″	3′42″
及格	78	1′56″	1′52″	4′10″	4′05″	4′00″	3′55″	3′53″	3′51″	3′49″	3′47″
	76	1′59″	1′55″	4′15″	4′10″	4′05″	4′00″	3′58″	3′56″	3′54″	3′52″
	74	2′02″	1′58″	4′20″	4′15″	4′10″	4′05″	4′03″	4′01″	3′59″	3′57″
	72	2′05″	2′01″	4′25″	4′20″	4′15″	4′10″	4′08″	4′06″	4′04″	4′02″
	70	2′08″	2′04″	4′30″	4′25″	4′20″	4′15″	4′13″	4′11″	4′09″	4′07″
	68	2′11″	2′07″	4′35″	4′30″	4′25″	4′20″	4′18″	4′16″	4′14″	4′12″
	66	2′14″	2′10″	4′40″	4′35″	4′30″	4′25″	4′23″	4′21″	4′19″	4′17″
	64	2′17″	2′13″	4′45″	4′40″	4′35″	4′30″	4′28″	4′26″	4′24″	4′22″
	62	2′20″	2′16″	4′50″	4′45″	4′40″	4′35″	4′33″	4′31″	4′29″	4′27″
	60	2′23″	2′19″	4′55″	4′50″	4′45″	4′40″	4′38″	4′36″	4′34″	4′32″
不及格	50	2′27″	2′23″	5′05″	5′00″	4′55″	4′50″	4′48″	4′46″	4′44″	4′42″
	40	2′31″	2′27″	5′15″	5′10″	5′05″	5′00″	4′58″	4′56″	4′54″	4′52″
	30	2′35″	2′31″	5′25″	5′20″	5′15″	5′10″	5′08″	5′06″	5′04″	5′02″
	20	2′39″	2′35″	5′35″	5′30″	5′25″	5′20″	5′18″	5′16″	5′14″	5′12″
	10	2′43″	2′39″	5′45″	5′40″	5′35″	5′30″	5′28″	5′26″	5′24″	5′22″

注：小学五年级~六年级：50米×8往返跑；初中、高中、大学：800米跑。

（二）加分指标评分表

表 2-1　男生一分钟跳绳评分表（单位：次）

加分	一年级	二年级	三年级	四年级	五年级	六年级
20	40	40	40	40	40	40
19	38	38	38	38	38	38
18	36	36	36	36	36	36
17	34	34	34	34	34	34
16	32	32	32	32	32	32
15	30	30	30	30	30	30
14	28	28	28	28	28	28
13	26	26	26	26	26	26
12	24	24	24	24	24	24
11	22	22	22	22	22	22
10	20	20	20	20	20	20
9	18	18	18	18	18	18
8	16	16	16	16	16	16
7	14	14	14	14	14	14
6	12	12	12	12	12	12
5	10	10	10	10	10	10
4	8	8	8	8	8	8
3	6	6	6	6	6	6
2	4	4	4	4	4	4
1	2	2	2	2	2	2

注：一分钟跳绳为高优指标，学生成绩超过单项评分100分后，以超过的次数所对应的分数进行加分。

表 2-2　女生一分钟跳绳评分表（单位：次）

加分	一年级	二年级	三年级	四年级	五年级	六年级
20	40	40	40	40	40	40
19	38	38	38	38	38	38
18	36	36	36	36	36	36
17	34	34	34	34	34	34
16	32	32	32	32	32	32
15	30	30	30	30	30	30

续表

加分	一年级	二年级	三年级	四年级	五年级	六年级
14	28	28	28	28	28	28
13	26	26	26	26	26	26
12	24	24	24	24	24	24
11	22	22	22	22	22	22
10	20	20	20	20	20	20
9	18	18	18	18	18	18
8	16	16	16	16	16	16
7	14	14	14	14	14	14
6	12	12	12	12	12	12
5	10	10	10	10	10	10
4	8	8	8	8	8	8
3	6	6	6	6	6	6
2	4	4	4	4	4	4
1	2	2	2	2	2	2

注：一分钟跳绳为高优指标，学生成绩超过单项评分100分后，以超过的次数所对应的分数进行加分。

表2-3 男生引体向上评分表（单位：次）

加分	初一	初二	初三	高一	高二	高三	大一大二	大三大四
10	10	10	10	10	10	10	10	10
9	9	9	9	9	9	9	9	9
8	8	8	8	8	8	8	8	8
7	7	7	7	7	7	7	7	7
6	6	6	6	6	6	6	6	6
5	5	5	5	5	5	5	5	5
4	4	4	4	4	4	4	4	4
3	3	3	3	3	3	3	3	3
2	2	2	2	2	2	2	2	2
1	1	1	1	1	1	1	1	1

表2-4 女生一分钟仰卧起坐评分表（单位：次）

加分	初一	初二	初三	高一	高二	高三	大一大二	大三大四
10	13	13	13	13	13	13	13	13

续表

加分	初一	初二	初三	高一	高二	高三	大一大二	大三大四
9	12	12	12	12	12	12	12	12
8	11	11	11	11	11	11	11	11
7	10	10	10	10	10	10	10	10
6	9	9	9	9	9	9	9	9
5	8	8	8	8	8	8	8	8
4	7	7	7	7	7	7	7	7
3	6	6	6	6	6	6	6	6
2	4	4	4	4	4	4	4	4
1	2	2	2	2	2	2	2	2

注：引体向上、一分钟仰卧起坐均为高优指标，学生成绩超过单项评分 100 分后，以超过的次数所对应的分数进行加分。

表 2-5　男生 1000 米跑评分表（单位：分·秒）

加分	初一	初二	初三	高一	高二	高三	大一大二	大三大四
10	-35″	-35″	-35″	-35″	-35″	-35″	-35″	-35″
9	-32″	-32″	-32″	-32″	-32″	-32″	-32″	-32″
8	-29″	-29″	-29″	-29″	-29″	-29″	-29″	-29″
7	-26″	-26″	-26″	-26″	-26″	-26″	-26″	-26″
6	-23″	-23″	-23″	-23″	-23″	-23″	-23″	-23″
5	-20″	-20″	-20″	-20″	-20″	-20″	-20″	-20″
4	-16″	-16″	-16″	-16″	-16″	-16″	-16″	-16″
3	-12″	-12″	-12″	-12″	-12″	-12″	-12″	-12″
2	-8″	-8″	-8″	-8″	-8″	-8″	-8″	-8″
1	-4″	-4″	-4″	-4″	-4″	-4″	-4″	-4″

表 2-6　女生 800 米跑评分表（单位：分·秒）

加分	初一	初二	初三	高一	高二	高三	大一大二	大三大四
10	-50″	-50″	-50″	-50″	-50″	-50″	-50″	-50″
9	-45″	-45″	-45″	-45″	-45″	-45″	-45″	-45″
8	-40″	-40″	-40″	-40″	-40″	-40″	-40″	-40″
7	-35″	-35″	-35″	-35″	-35″	-35″	-35″	-35″
6	-30″	-30″	-30″	-30″	-30″	-30″	-30″	-30″

加分	初一	初二	初三	高一	高二	高三	大一大二	大三大四
5	-25″	-25″	-25″	-25″	-25″	-25″	-25″	-25″
4	-20″	-20″	-20″	-20″	-20″	-20″	-20″	-20″
3	-15″	-15″	-15″	-15″	-15″	-15″	-15″	-15″
2	-10″	-10″	-10″	-10″	-10″	-10″	-10″	-10″
1	-5″	-5″	-5″	-5″	-5″	-5″	-5″	-5″

注：1000 米跑、800 米跑均为低优指标，学生成绩低于单项评分 100 分后，以减少的秒数所对应的分数进行加分。

附件二 公安机关人民警察体育锻炼达标标准

第一章　总则

第一条　为了贯彻《中华人民共和国体育法》和《全民健身条例》，推动公安机关人民警察积极参加体育健身锻炼，增强身体素质和体能素质，提高队伍战斗力，更好地为公安工作和公安队伍建设服务，特制定《公安机关人民警察体育锻炼达标标准》。

第二条　本标准在全国公安机关和公安院校实施。

第三条　各级公安机关政治工作部门和各级前卫体育协会负责本标准实施工作。

第四条　各省、自治区、直辖市公安厅、局可根据本地实际情况制定具体实施细则。西藏、青海、新疆等公安机关可根据本地实际情况，适当调整测试项目和标准，报中国前卫体育协会备案后执行。

第二章　分组和项目

第五条　体育锻炼达标按性别和年龄划分为男 7 个组、女 6 个组。

1. 男子、女子青年一组：25 岁以下（含公安院校学员）；
2. 男子、女子青年二组：26 岁至 30 岁；
3. 男子、女子青年三组：31 岁至 35 岁；
4. 男子、女子青年四组：36 岁至 40 岁；
5. 男子、女子中年一组：41 岁至 45 岁；
6. 男子、女子中年二组：46 岁至 50 岁；
7. 男子中年三组：51 岁至 55 岁。

第六条　本标准项目设 4 类，男 7 组、女 6 组计 14 项。

第一类项目：100 米跑、10 米×4 往返跑；

第二类项目：800 米跑、1000 米跑、1500 米跑、1500 米健步走、2000 米健步走、1 分钟跳绳；

第三类项目：1 分钟仰卧起坐、俯卧撑、引体向上、双杠臂屈伸；

第四类项目：立定跳远、纵跳。

第三章　考核和标准

第七条　实施单位应当组织参加者在经常锻炼的基础上按照测验规则进行考核。

第八条　参加者从每类锻炼项目中，各选一项参加考核，并在规定时间内完成。

第九条　考核成绩采用百分制评分法。根据参加者完成四类项目测验后的总分确定其达标等级。

第十条　达标等级分及格、良好、优秀三级。

及格标准为 200 分至 275 分，平均为 50 分以上。

良好标准为 276 分至 335 分，平均为 70 分以上。

优秀标准为 336 分至 400 分，平均为 85 分以上。

第十一条　参加者有以下情况之一，为不及格：

1. 未能在规定时间内完成规定的考核项目；

2. 有一类项目的考核成绩低于 30 分。

第四章　奖励

第十二条　实施本标准成绩显著的单位，由上级机关给予表彰。

第十三条　对达到优秀级标准者发给证书。

优秀级标准证书由中国前卫体育协会统一制作，各地前卫体协或有关单位颁发。

第五章　附则

第十四条　边防、消防、警卫部门，可结合实际情况参照执行。

第十五条　本标准适用于身体健康，无重大疾病、伤残的公安机关人民警察。

第十六条　标准自 2011 年 1 月起实施，《公安民警体育锻炼达标标准（试行）》同时废止。

第十七条　本标准由中国前卫体育协会负责解释。

附件：

1. 《公安机关人民警察体育锻炼达标标准测验规则》；

2. 《公安机关人民警察体育锻炼达标标准评分表》；

3. 《公安机关人民警察体育锻炼达标标准考核项目表》。

附件 1：　　　　公安机关人民警察体育锻炼达标标准测验规则

一、跑

（一）100 米

场地器材：100 米跑道若干条，地面平坦，地址不限，跑道线清楚。发令旗一面、发令枪或口哨一个、秒表若干块（一道一表），使用前应进行校正。

测验方法：受测者至少两人一组，起跑姿势不限。当听或看到信号（口令、枪音、哨音或发令旗）后开始起跑，抢跑者重跑。

测验员分工：一人发令，二至若干人计时并负责登记。计时员听枪音、哨音或旗落开表，当受测者躯干到终点时停表。登记成绩以秒为单位，取一位小数，第二位小数非"0"时则进1。

（二）10米×4往返跑

场地器材：10米长的直线跑道若干条，在跑道的两端线（S1和S2）外30厘米处各画一条线（图1）。木块（5厘米×10厘米或瓶子）每道3块，其中2块放在S2线外的横线上，一块在S1线外的横线上，秒表若干块。

测验方法：受测着用站立式起跑，听到发令后从S1线外起跑，当跑到S2线前面，将30厘米区域中立着的木块（瓶子）推倒随即返回跑，记录跑完全程的时间。记录以秒为单位，取一位小数非"0"时则进"1"。

注意事项：当受测者推倒木块（瓶子）时，脚不要越过S1和S2线。

S1		S2
	←10米→	30厘米

图1　10米×4往返跑场地图

（三）800米、1000米、1500米跑

场地器材：400米田径场跑道或其他场地，但必须丈量准确。地面平坦，地质不限。秒表若干块，使用前应进行校正。

测验方法：受测者分组测，每组不得少于2人，用站立式起跑。当听到口令或枪音、哨音后开始起跑。当受测者达到终点时停表，或终点计时员准确报时，终点记录员负责登记每人成绩。登记成绩以分、秒为单位，不计小数。

二、1分钟跳绳

器材：短绳若干条、秒表。

测验方法：两人一组，一人测验，一人记数，统一计时。每跳跃一次摇绳一回环（一周圈），记录一分钟跳绳次数。测验过程中跳绳绊脚，除该次数不计数外，应继续进行。

三、俯卧撑

场地器材：平坦地面一块。

测定方法与动作规格：受测者两手撑地，手指向前，两手间距与肩同宽，两腿向后伸直，然后屈臂使身体平直下降，使肩与肘接近同一平面，躯干、臀部和下肢要挺直，然后撑起恢复到开始姿势为完成的次数。

注意事项：俯卧撑起时躯干要始终保持平直。

四、仰卧起坐

场地器材：垫子若干块（或待用物），铺放平坦。

动作规格：受测者全身仰卧于垫上，两脚屈膝稍分开，大小脚成直角，两手指交叉贴于脑后，另一人压于受测者两踝关节处。起坐时，以双肘触及或超过两膝为完成一次。仰卧时两肩胛必须触垫。

测验方法：测验时两人一组，一人计时，一人计数。一分钟到时或最后一个，受测者虽已起坐，但两肘为触及膝盖者，该次数不计算。发现受测者有违例情况，及时指出。违例动作不计次数。禁止使用肘部撑垫或臀部上挺和下落的力量起坐。测定过程中，要给受测者报数。

五、双杆臂屈伸

测验器材：双杆。

测验方法：受测者两手握住双杆一端，跳上支撑，然后两臂尽量弯曲，使杆面达到胸部位置，然后双臂用力，迅速伸直成支撑，记录完成的次数。

注意事项：臂屈伸时，身体不能做大的摆动，也不能借用其他附加动作撑起。

六、引体向上

场地器材：高单杠或高横杠，杠粗以手能握住为准。

测验方法：受测者跳起，双手正握杠，两手与肩同宽呈直臂悬垂。静止后，两臂同时用力引体（身体不能附有附加动作），上拉到下颌超过横杠上缘为完成一次。记录引体次数。

七、立定跳远

场地：沙坑一个或在棕垫、地毯上均可，沙面与地面齐平。起跳线至沙坑近端不得少于 30 厘米，起跳区要平坦。

动作规格：两脚自然开立站在起跳线后，脚尖不得触线，原地两脚同时起跳。

测验方法：每人试跳三次，丈量起跳线后沿至最近着地点垂直距离，记录最好一次成绩，以米为单位，取两位小数。

八、纵跳

测验器材：纵跳计。

测验方法：受测者站在纵跳计底板上，系好绳带，使绳带与地面垂直并刚好绷直，纵跳计的指针仍在零位。屈腿后利用蹬腿和摆臂尽量往上双脚起跳，指针所指示的长度为纵跳高度。测两次，取最好成绩。记录以厘米为单位，精确到小数点后一位。

简易测试方法：人直立伸直手臂，手指尖触及悬垂木板，留下痕迹。起跳动作同上，模板留下痕迹，测量两痕迹之间距离为纵跳成绩。

注意事项：两脚不得移动或有垫步动作，起跳后要落回原地。

九、1500 米健步走、2000 米健步走

测验方法与 800 米、1000 米、1500 米跑测验方法相同，但要规定是快走而不能跑，双脚不能同时离地。

附件2：　　　　　　　公安机关人民警察体育锻炼标准评分表

一、女子青年一组（25 岁以下，含学员组）

项目 分值	一		二	三	四
	100 米跑 （秒）	10 米＊4 往 返跑（秒）	800 米跑 （分’秒）	1 分钟仰卧起坐 （次）	立定跳远（米）
100	15″5	10″5	3′23″	43	2.10
95	15″8	10″5	3′26″	41	2.06
90	16″1	10″8	3′29″	39	2.02
85	16″4	11″1	3′32″	37	1.98
80	16″7	11″4	3′35″	35	1.94
75	17″0	11″7	3′40″	33	1.90
70	17″3	12″0	3′45″	31	1.86
65	17″6	12″3	3′50″	29	1.82
60	17″9	12″6	3′55″	27	1.78
55	18″2	12″9	4′00″	25	1.74
50	18″5	13″2	4′05″	23	1.70
45	18″8	13″5	4′10″	21	1.66

项目 分值	一		二	三	四
	100 米跑 （秒）	10 米＊4 往 返跑（秒）	800 米跑 （分'秒）	1 分钟仰卧起坐 （次）	立定跳远（米）
40	19″1	13″8	4'15″	19	1.62
35	19″4	14″1	4'20″	17	1.58

二、女子青年二组（26 岁至 30 岁）评分表

分值 项目	一		二	三	四
	100 米跑 （秒）	10 米＊4 往 返跑（秒）	800 米跑 （分'秒）	1 分钟仰卧起坐 （次）	立定跳远（米）
100	16″1	11″1	3'30″	41	2.06
95	16″4	11″4	3'35″	39	2.02
90	16″7	11″7	3'40″	37	1.98
85	17″0	12″0	3'45″	35	1.94
80	17″3	12″3	3'50″	33	1.90
75	17″6	12″6	3'55″	31	1.86
70	17″9	12″9	4'00″	29	1.82
65	18″2	13″2	4'05″	27	1.78
60	18″5	13″5	4'10″	25	1.74
55	18″8	13″8	4'15″	23	1.70
50	19″1	14″1	4'20″	21	1.66
45	19″4	14″4	4'25″	19	1.62
40	19″7	14″7	4'30″	17	1.58
35	20″0	15″0	4'35″	15	1.54

三、女子青年三组（31 岁至 35 岁）评分表

项目 分值	一		二	三	四
	100 米跑 （秒）	10 米＊4 往 返跑（秒）	800 米跑 （分'秒）	1 分钟仰卧起坐 （次）	立定跳远（米）
100	17″0	11″4	3'40″	41	1.98
95	17″3	11″7	3'45″	39	1.94

项目 分值	一		二	三	四
	100 米跑 （秒）	10 米＊4 往 返跑（秒）	800 米跑 （分'秒）	1 分钟仰卧起坐 （次）	立定跳远（米）
90	17″6	12″0	3'50″	37	1.90
85	17″9	12″3	3'55″	35	1.86
80	18″2	12″6	4'00″	33	1.82
75	18″5	12″9	4'05″	31	1.78
70	18″8	13″2	4'10″	29	1.74
65	19″1	13″5	4'15″	27	1.70
60	19″4	13″8	4'20″	25	1.66
55	19″7	14″1	4'25″	23	1.62
50	20″0	14″4	4'30″	21	1.58
45	20″3	14″7	4'35″	19	1.54
40	20″6	15″0	4'40″	17	1.50
35	20″9	15″3	4'45″	15	1.46

四、女子青年四组（36 岁至 40 岁）评分表

分值 项目	一		二	三	四
	100 米跑 （秒）	10 米＊4 往 返跑（秒）	800 米跑 （分'秒）	1 分钟仰卧起坐 （次）	立定跳远（米）
100	17″9	12″0	3'50″	39	1.94
95	18″2	12″3	3'55″	37	1.90
90	18″5	12″6	4'00″	35	1.86
85	18″8	12″9	4'05″	33	1.82
80	19″1	13″2	4'10″	31	1.78
75	19″4	13″5	4'15″	29	1.74
70	19″7	13″8	4'20″	27	1.70
65	20″0	14″1	4'25″	25	1.66
60	20″3	14″4	4'30″	23	1.62
55	20″6	14″7	4'35″	21	1.58
50	20″9	15″0	4'40″	19	1.54

项目　　分值	一		二	三	四
	100 米跑（秒）	10 米＊4 往返跑（秒）	800 米跑（分'秒）	1 分钟仰卧起坐（次）	立定跳远（米）
45	21″2	15″3	4'45″	17	1.50
40	21″5	15″6	4'50″	15	1.46
35	21″8	15″9	4'55″	13	1.42

五、女子中年一组（41 岁至 45 岁）评分表

项目　　分值	一		二		三	四
	100 米跑（秒）	10 米＊4 往返跑（秒）	800 米跑（分'秒）	1 分钟跳绳（次）	1 分钟仰卧起坐（次）	立定跳远（米）
100	18″3	12″5	4'05″	138	36	1.86
95	18″6	12″8	4'10″	136	34	1.82
90	18″9	13″1	4'15″	134	32	1.78
85	19″2	13″4	4'20″	132	30	1.74
80	19″5	13″7	4'25″	130	28	1.7
75	19″8	14″0	4'30″	128	26	1.66
70	20″1	14″3	4'35″	126	24	1.62
65	20″4	14″6	4'40″	124	22	1.58
60	20″7	14″9	4'45″	122	20	1.54
55	21″0	15″2	4'50″	121	18	1.5
50	21″3	15″5	4'55″	120	16	1.46
45	21″6	15″8	5'00″	119	14	1.42
40	21″9	16″1	5'05″	118	12	1.38
35	22″2	16″4	5'10″	117	10	1.34

六、女子中年二组（46 岁至 50 岁）评分表

项目　　分值	一		二		三	四
	100 米跑（秒）	10 米＊4 往返跑（秒）	1500 米跑（分'秒）	1 分钟跳绳（次）	1 分钟仰卧起坐（次）	立定跳远（米）
100	19″0	12″9	13'40″	133	34	1.82
95	19″3	13″2	13'45″	131	32	1.78

续表

项目 分值	一		二		三	四
	100 米跑 （秒）	10 米 *4 往 返跑（秒）	1500 米跑 （分'秒）	1 分钟跳绳 （次）	1 分钟仰卧起坐 （次）	立定跳远 （米）
90	19″6	13″5	13'50″	129	30	1.74
85	19″9	13″8	13'55″	127	28	1.7
80	20″2	14″1	14'00″	125	26	1.66
75	20″5	14″4	14'05″	123	24	1.62
70	20″8	14″7	14'10″	121	22	1.58
65	21″1	15″0	14'15″	119	20	1.54
60	21″4	15″3	14'20″	117	18	1.5
55	21″7	15″6	14'25″	116	17	1.46
50	22″0	15″9	14'30″	115	16	1.42
45	22″3	16″2	14'35″	114	15	1.38
40	22″6	16″5	14'40″	113	14	1.34
35	22″9	16″8	14'45″	112	13	1.3

七、男子青年一组（25 岁以下，含学员组）评分表

项目 分值	一		二		三		四	
	100 米跑 （秒）	10 米 *4 往 返跑（秒）	1000 米跑 （分'秒）	1500 米跑 （分'秒）	引体向 上（次）	双杆臂 屈伸（次）	立定跳 远（米）	纵跳 （米）
100	12″5	9″2	3'26″	5'27″	13	17	2.69	0.72
95	12″8	9″5	3'28″	5'31″			2.65	0.7
90	13″1	9″8	3'30″	5'34″	12	16	2.61	0.68
85	13″4	10″1	3'32″	5'38″			2.57	0.66
80	13″7	10″4	3'35″	5'42″	11	15	2.53	0.64
75	14″0	10″7	3'40″	5'46″			2.49	0.62
70	14″3	11″0	3'45″	5'51″	10	14	2.45	0.6
65	14″6	11″3	3'50″	5'58″			2.41	0.58
60	14″9	11″6	3'55″	6'05″	9	13	2.37	0.56
55	15″2	11″9	4'00″	6'12″			2.33	0.54
50	15″5	12″2	4'05″	6'19″	8	12	2.29	0.52

续表

项目 分值	一		二		三		四	
	100 米跑 （秒）	10 米＊4 往 返跑（秒）	1000 米跑 （分'秒）	1500 米跑 （分'秒）	引体向 上（次）	双杆臂 屈伸（次）	立定跳 远（米）	纵跳 （米）
45	15″8	12″5	4'10″	6'26″	7	11	2.25	0.5
40	16″1	12″8	4'15″	6'33″	6	10	2.21	0.48
35	16″4	13″1	4'20″	6'40″	5	9	2.17	0.46

八、男子青年二组（26 岁至 30 岁）评分表

项目 分值	一		二		三		四	
	100 米跑 （秒）	10 米＊4 往 返跑（秒）	1000 米跑 （分'秒）	1500 米跑 （分'秒）	引体向 上（次）	俯卧撑 （次）	立定跳 远（米）	纵跳 （米）
100	13″4	10″1	3'35″	5'37″	12	34	2.65	0.7
95	13″7	10″4	3'40″	5'44″		33	2.61	0.68
90	14″0	10″7	3'45″	5'51″	11	32	2.57	0.66
85	14″3	11″0	3'50″	5'58″		31	2.53	0.64
80	14″6	11″3	3'55″	6'05″	10	30	2.49	0.62
75	14″9	11″6	4'00″	6'12″		29	2.45	0.6
70	15″2	11″9	4'05″	6'19″	9	28	2.41	0.58
65	15″5	12″2	4'10″	6'26″		27	2.37	0.56
60	15″8	12″5	4'15″	6'33″	8	26	2.33	0.54
55	16″1	12″8	4'20″	6'40″		25	2.29	0.52
50	16″4	13″1	4'25″	6'47″	7	24	2.25	0.5
45	16″7	13″4	4'30″	6'54″	6	23	2.21	0.48
40	17″0	13″7	4'35″	7'01″	5	21	2.17	0.46
35	17″3	14″0	4'40″	7'08″	4	19	2.13	0.44

九、男子青年组三组（31 岁至 35 岁）评分表

项目 分值	一		二		三		四	
	100 米跑 （秒）	10 米＊4 往 返跑（秒）	1000 米跑 （分'秒）	1500 米跑 （分'秒）	引体向 上（次）	俯卧撑 （次）	立定跳 远（米）	纵跳 （米）
100	14″0	10″4	3'45″	5'51″	11	32	2.61	0.68
95	14″3	10″7	3'50″	5'58″		31	2.57	0.66

续表

项目 分值	一		二		三		四	
	100 米跑（秒）	10 米＊4 往返跑（秒）	1000 米跑（分'秒）	1500 米跑（分'秒）	引体向上（次）	俯卧撑（次）	立定跳远（米）	纵跳（米）
90	14″6	11″0	3'55″	6'05″	10	30	2.53	0.64
85	14″9	11″3	4'00″	6'12″		29	2.49	0.62
80	15″2	11″6	4'05″	6'19″	9	28	2.45	0.6
75	15″5	11″9	4'10″	6'26″		27	2.41	0.58
70	15″8	12″2	4'15″	6'33″	8	26	2.37	0.56
65	16″1	12″5	4'20″	6'40″		25	2.33	0.54
60	16″4	12″8	4'25″	6'47″	7	24	2.29	0.52
55	16″7	13″1	4'30″	6'54″		23	2.25	0.5
50	17″0	13″4	4'35″	7'01″	6	22	2.21	0.48
45	17″3	13″7	4'40″	7'08″	5	21	2.17	0.46
40	17″6	14″0	4'45″	7'15″	4	19	2.13	0.44
35	17″9	14″3	4'50″	7'22″	3	17	2.09	0.42

十、男子青年四组（36 岁至 40 岁）评分表

项目 分值	一		二		三		四	
	100 米跑（秒）	10 米＊4 往返跑（秒）	1000 米跑（分'秒）	1500 米跑（分'秒）	引体向上（次）	俯卧撑（次）	立定跳远（米）	纵跳（米）
100	14″9	11″0	3'55″	6'05″	10	30	2.57	0.66
95	15″2	11″3	4'00″	6'12″		29	2.53	0.64
90	15″5	11″6	4'05″	6'19″	9	28	2.49	0.62
85	15″8	11″9	4'10″	6'26″		27	2.45	0.6
80	16″1	12″2	4'15″	6'33″	8	26	2.41	0.58
75	16″4	12″5	4'20″	6'40″		25	2.37	0.56
70	16″7	12″8	4'25″	6'47″	7	24	2.33	0.54
65	17″0	13″1	4'30″	6'54″		23	2.29	0.52
60	17″3	13″4	4'35″	7'01″	6	22	2.25	0.5
55	17″6	13″7	4'40″	7'08″		21	2.21	0.48
50	17″9	14″0	4'45″	7'15″	5	20	2.17	0.46

项目 分值	一		二		三		四	
	100 米跑 （秒）	10 米＊4 往 返跑（秒）	1000 米跑 （分′秒）	1500 米跑 （分′秒）	引体向 上（次）	俯卧撑 （次）	立定跳 远（米）	纵跳 （米）
45	18″2	14″3	4′50″	7′22″	4	19	2.13	0.44
40	18″5	14″6	4′55″	7′29″	3	17	2.09	0.42
35	18″8	14″9	5′00″	7′36″	2	15	2.05	0.4

十一、男子中年一组（41 岁至 45 岁）评分表

项目 分值	一		二		三		四
	100 米跑 （秒）	10 米＊4 往 返跑（秒）	1000 米跑 （分′秒）	1500 米跑 （分′秒）	引体向 上（次）	俯卧撑 （次）	立定跳 远（米）
100	15″2	11″3	4′00″	148	40	29	2.53
95	15″5	11″6	4′05″	146	39	28	2.49
90	15″8	11″9	4′10″	144	38	27	2.45
85	16″1	12″2	4′15″	142	37	26	2.41
80	16″4	12″5	4′20″	140	36	25	2.37
75	16″7	12″8	4′25″	138	35	24	2.33
70	17″0	13″1	4′30″	136	34	23	2.29
65	17″3	13″4	4′35″	134	33	22	2.25
60	17″6	13″7	4′40″	132	32	21	2.21
55	17″9	14″0	4′45″	131	31	20	2.17
50	18″2	14″3	4′50″	130	30	19	2.13
45	18″5	14″6	4′55″	129	29	18	2.09
40	18″8	14″9	5′00″	128	28	16	2.05
35	19″1	15″2	5′05″	127	27	14	2.01

十二、男子中年二组（46 岁至 50 岁）评分表

项目 分值	一		二		三		四
	100 米跑 （秒）	10 米＊4 往 返跑（秒）	1000 米跑 （分′秒）	1500 米跑 （分′秒）	引体向 上（次）	俯卧撑 （次）	立定跳 远（米）
100	15″5	11″6	4′05″	139	39	28	2.49

项目 分值	一		二		三		四
	100 米跑 （秒）	10 米＊4 往 返跑（秒）	1000 米跑 （分′秒）	1500 米跑 （分′秒）	引体向 上（次）	俯卧撑 （次）	立定跳 远（米）
95	15″8	11″9	4′10″	138	38	27	2.45
90	16″1	12″2	4′15″	137	37	26	2.41
85	16″4	12″5	4′20″	136	36	25	2.37
80	16″7	12″8	4′25″	135	35	24	2.33
75	17″0	13″1	4′30″	134	34	23	2.29
70	17″3	13″4	4′35″	133	33	22	2.25
65	17″6	13″7	4′40″	132	32	21	2.21
60	17″9	14″0	4′45″	131	31	20	2.17
55	18″2	14″3	4′50″	130	30	19	2.13
50	18″5	14″6	4′55″	129	29	18	2.09
45	18″8	14″9	5′00″	128	28	16	2.05
40	19″1	15″2	5′05″	127	27	14	2.01
35	19″4	15″5	5′10″	126	26	12	1.97

十三、男子中年三组（51 岁至 55 岁）评分表

项目 分值	一		二		三		四
	100 米跑 （秒）	10 米＊4 往 返跑（秒）	1000 米跑 （分′秒）	1500 米跑 （分′秒）	引体向 上（次）	俯卧撑 （次）	立定跳 远（米）
100	15″9	12″2	18′00″	137	38	27	2.45
95	16″2	12″5	18′05″	136	37	26	2.41
90	16″5	12″8	18′10″	135	36	25	2.37
85	16″8	13″1	18′15″	134	35	24	2.33
80	17″1	13″4	18′20″	133	34	23	2.29
75	17″4	13″7	18′25″	132	33	22	2.25
70	17″7	14″0	18′30″	131	32	21	2.21
65	18″0	14″3	18′35″	130	31	20	2.17
60	18″3	14″6	18′40″	129	30	19	2.13
55	18″6	14″9	18′45″	128	29	18	2.09
50	18″9	15″2	18′50″	127	28	17	2.05

项目 分值	一		二		三		四
	100米跑 （秒）	10米*4往 返跑（秒）	1000米跑 （分'秒）	1500米跑 （分'秒）	引体向 上（次）	俯卧撑 （次）	立定跳 远（米）
45	19″2	15″5	18′55″	126	27	16	2.01
40	19″5	15″8	19′00″	125	26	15	1.97
35	19″8	16″1	19′05″	124	25	13	1.93

附件3：　　　**公安机关人民警察体育锻炼达标标准考核项目表**

考核项目表

项目 类别	青年一组（25岁 以下，含学员组）		青年二组至四组 （26岁至40岁）		中年一组至中年二组 （41岁至50岁）		中年三组 （51岁至55岁）
	女	男	女	男	女	男	男
第一类	100米跑 10米×4 往返跑	100米跑 10米×4 往返跑	100米跑 10米×4 往返跑	100米跑 10米×4 往返跑	100米跑 10米×4 往返跑	100米跑 10米×4 往返跑	100米跑 10米×4 往返跑
第二类	800米跑	1000米跑 1500米跑	800米跑	1000米跑 1500米跑	1500米健 步走 1分钟跳绳	1000米跑 1分钟跳绳	2000米健步走 1分钟跳绳
第三类	1分钟仰 卧起坐	引体向上 双杆臂屈伸	1分钟仰 卧起坐	俯卧撑 引体向上	1分钟仰卧 起坐	1分钟仰卧 起坐 俯卧撑	1分钟仰卧起坐 俯卧撑
第四类	立定跳远	立定跳远 纵跳	立定跳远	立定跳远 纵跳	立定跳远	立定跳远	立定跳远